"Esta tierra, Señor,
me parece que,
desde la punta más al sur que
hemos visto hasta
la otra punta
màs al norte que
de este puerto que se puede ver,
es tan grande
que habrá almenos veinte o veinticinco
leguas de costa.
A lo largo del mar hay
grandes barreras,
algunas rojas y otras blancas
y la tierra por encima
es toda plana y llena de árboles.
Desde un punto a otro
toda la playa (...)es muy plana y bella.
Viendo la selva, vista desde el mar,
nos pareciò muy grande, porque,
hasta done los ojos se extendían,
no se podía ver otra cosa
que árboles y tierra... "

(extracto de la carta dirigida al rey de
Portugal escrita por Pero Vaz de Caminha,
el
escribano de la flota que descubrió Brasil)

INVERSIONES IN
BRASIL

QUE HACER Y QUE...
NO HACER!

ISBN 978-1-4461-6805-9
90000

Prólogo

En este práctico y cómodo libro se recogen rápidamente, yendo directamente al núcleo de la situación y sobre todo sin filtros, diez años de experiencia directa de Inversión en de Bienes e Inmuebles en Brasil.

INVERSIONES EN BRASIL
QUE HACER Y QUE... NO HACER!

Iniciemos con nuestra amplia experiencia en inversiones inmobiliarias y no caigamos en la miríada de "trucos" que inevitablemente se encontrarán en el "país de la samba", seamos conscientes de la cruda realidad. No deje que su Paraíso se convierta en tu Infierno ...
La elección es suya!

ÍNDICE

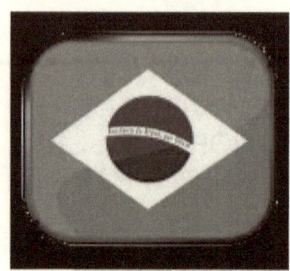

Brasil es un país fascinante. Con una población que cuenta con alrededor de 190 millones de habitantes. Es el quinto país más grande del mundo y rodeado de todos los Estados de América del Sur excepto Ecuador y Chile

Los brasileños son la esencia del país, mientras que Brasil es el hogar de una multitud de grupos étnicos de diferentes niveles económicos, hay otras características que los une a todos: la energía y la pasión.

Económicamente Brasil tiene un excelente desempeño y actualmente ocupa el décimo lugar como productor de PIB (producto de consumo interno) en el mundo y es una de las cuatro economías en desarrollo más grandes del mundo (los otros son China, India y Rusia).
"Para 2050 Brasil será la quinta economía del mundo."

Fuente. Goldman Sachs.

MAPAS

Regiões

- Norte
- Nordeste
- Centro-Oeste
- Sudeste
- Sul

Roraima

Amapá

Amazonas

Pará

Maranhão

Ceará

Rio Grande do Norte

Acre

Rondônia

Tocantins

Piauí

Paraíba

Pernambuco

Alagoas

Sergipe

Mato Grosso

Bahia

Goiás

Distrito Federal

Mato Grosso do Sul

Minas Gerais

São Paulo

Espírito Santo

Rio de Janeiro

Paraná

Santa Catarina

Rio Grande do Sul

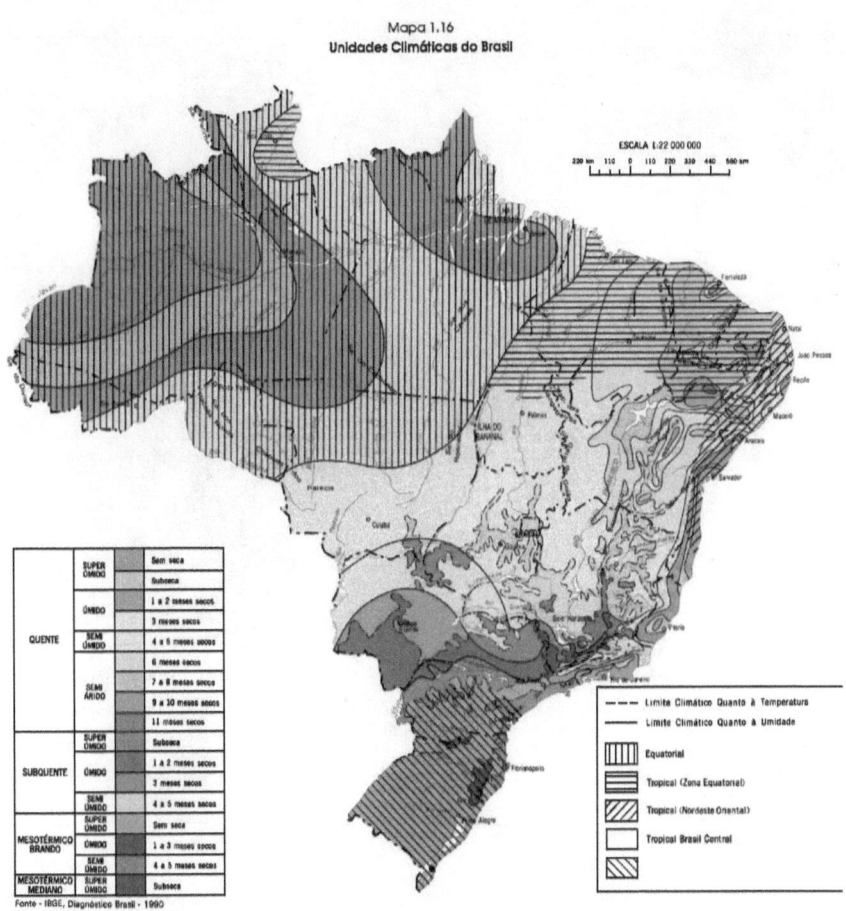

Mapa 1.16
Unidades Climáticas do Brasil

ESCALA 1:22 000 000

220 km   110   0   110   220   330   440   550 km

QUENTE	SUPER ÚMIDO		Sem seca
			Subseca
	ÚMIDO		1 a 2 meses secos
			3 meses secos
	SEMI ÚMIDO		4 a 5 meses secos
			6 meses secos
	SEMI ÁRIDO		7 a 8 meses secos
			9 a 10 meses secos
			11 meses secos
SUBQUENTE	SUPER ÚMIDO		Subseca
	ÚMIDO		1 a 2 meses secos
			3 meses secos
	SEMI ÚMIDO		4 a 5 meses secos
MESOTÉRMICO BRANDO	SUPER ÚMIDO		Sem seca
	ÚMIDO		1 a 3 meses secos
	SEMI ÚMIDO		4 a 5 meses secos
MESOTÉRMICO MEDIANO	SUPER ÚMIDO		Subseca

Fonte - IBGE, Diagnóstico Brasil - 1990

- - - - Limite Climático Quanto à Temperatura
——— Limite Climático Quanto à Umidade

Equatorial
Tropical (Zona Equatorial)
Tropical (Nordeste Oriental)
Tropical Brasil Central

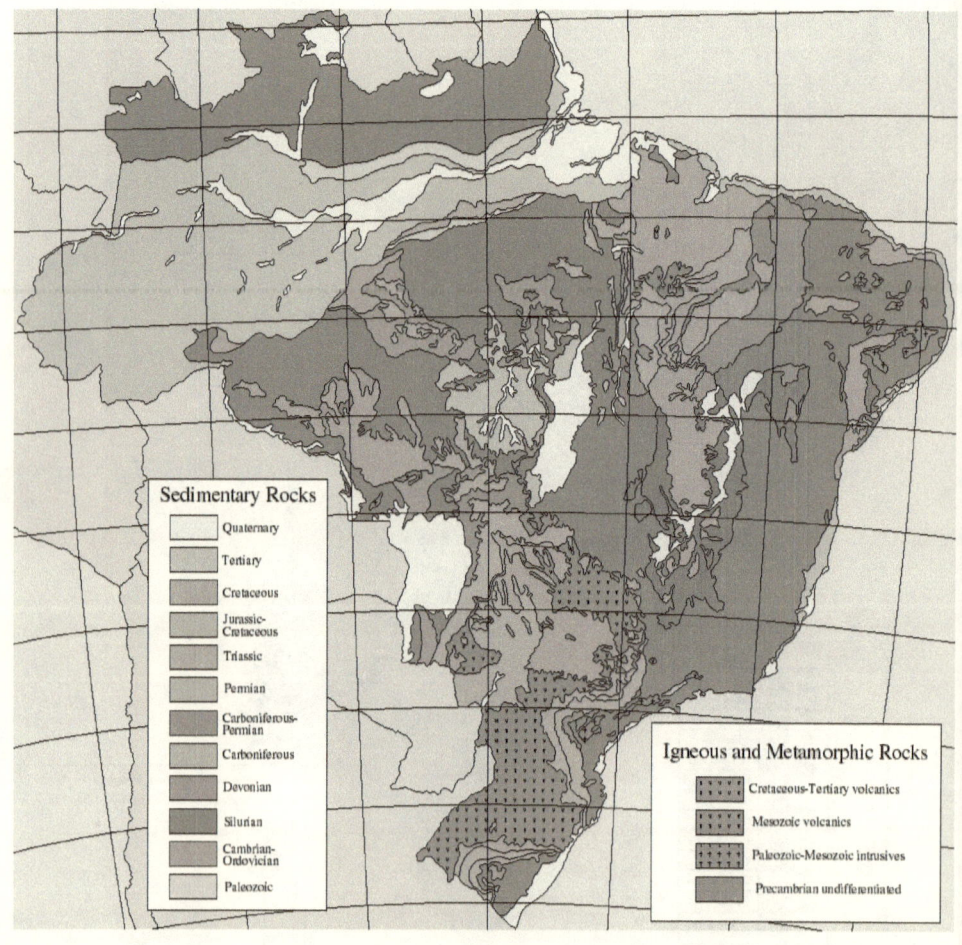

Sedimentary Rocks

- Quaternary
- Tertiary
- Cretaceous
- Jurassic-Cretaceous
- Triassic
- Permian
- Carboniferous-Permian
- Carboniferous
- Devonian
- Silurian
- Cambrian-Ordovician
- Paleozoic

Igneous and Metamorphic Rocks

- Cretaceous-Tertiary volcanics
- Mesozoic volcanics
- Paleozoic-Mesozoic intrusives
- Precambrian undifferentiated

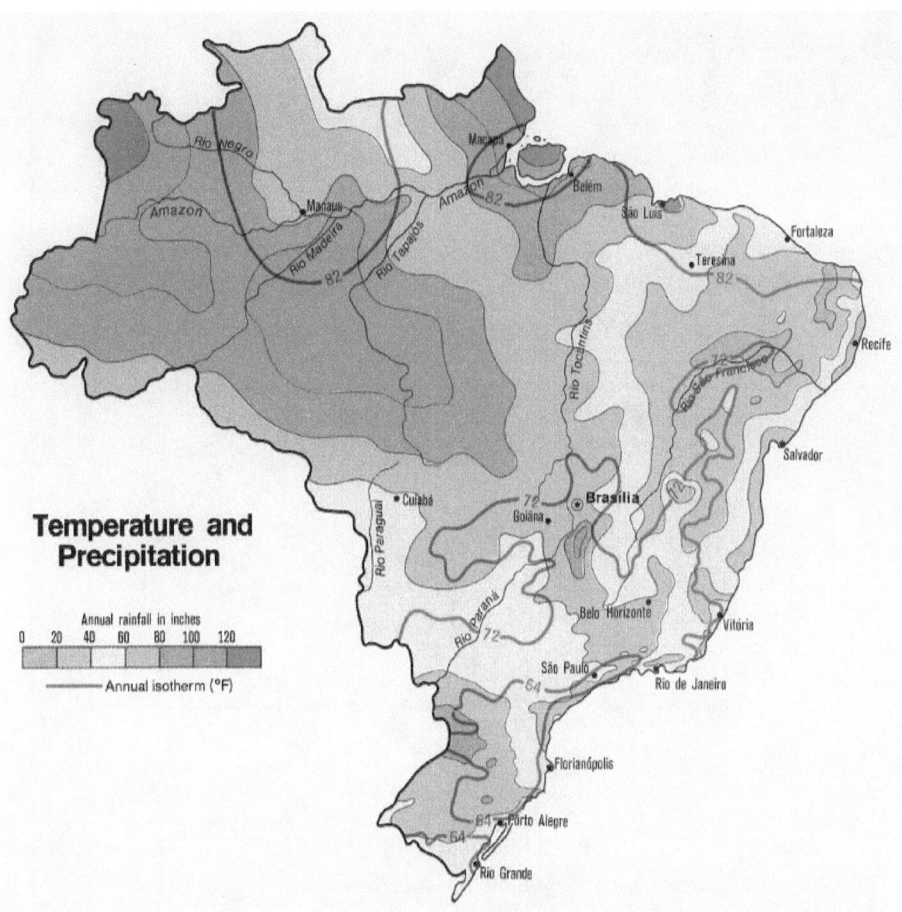

Temperature and Precipitation

Annual rainfall in inches

0   20   40   60   80   100   120

—— Annual isotherm (°F)

Rio Negro

Amazon

Manaus

Rio Madeira

Rio Tapajós

Rio Tocantins

Rio São Francisco

Rio Paraguai

Rio Paraná

Macapá

Amazon

82

Belém

São Luís

Fortaleza

Teresina

82

Recife

Salvador

Culabá

Goiâna

72

Brasília

Belo Horizonte

Vitória

72

São Paulo

84

Rio de Janeiro

Florianópolis

84

Porto Alegre

84

Rio Grande

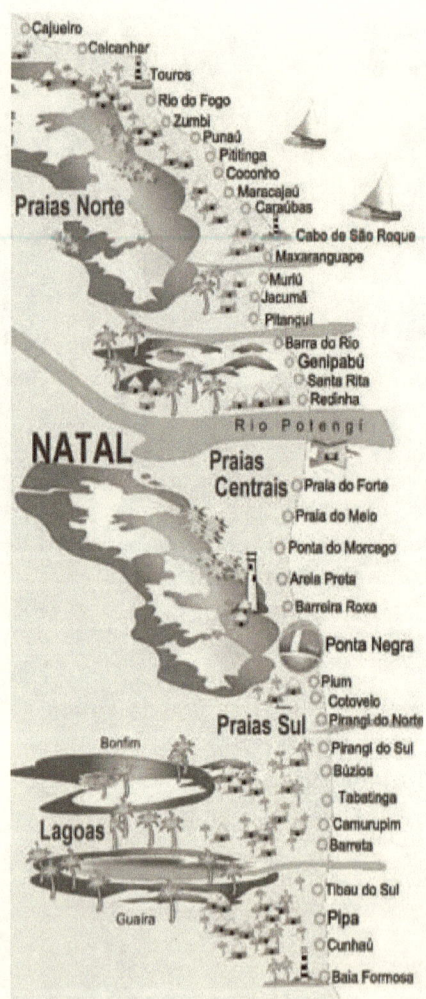

Litoral da Paraíba

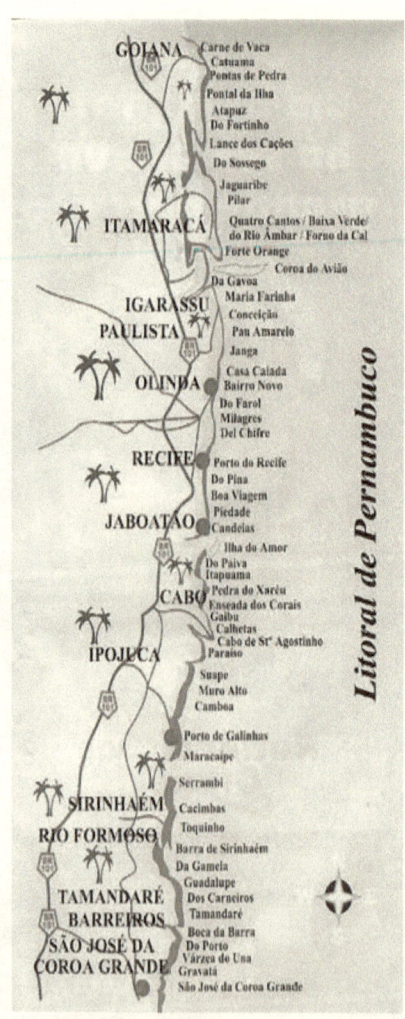

GOIANA — Carne de Vaca
Catuama
Pontas de Pedra
Pontal da Ilha
Atapuz
Do Fortinho
Lance dos Cações
Do Sossego
Jaguaribe
Pilar

ITAMARACÁ — Quatro Cantos / Baixa Verde/
do Rio Âmbar / Forno da Cal
Forte Orange
Coroa do Avião
Da Gavoa
Maria Farinha

IGARASSU — Conceição
PAULISTA — Pau Amarelo
Janga
Casa Calada
OLINDA — Bairro Novo
Do Farol
Milagres
Del Chifre

RECIFE — Porto do Recife
Do Pina
Boa Viagem
Piedade
JABOATÃO — Candeias
Ilha do Amor
Do Paiva
Itapuama
Pedra do Xaréu
CABO — Enseada dos Corais
Gaibu
Calhetas
Cabo de Stº Agostinho
Paraíso
IPOJUCA — Suape
Muro Alto
Camboa
Porto de Galinhus
Maracaipe
Serrambi
SIRINHAÉM — Cacimbas
RIO FORMOSO — Toquinho
Barra de Sirinhaém
Da Gamela
Guadalupe
TAMANDARÉ — Dos Carneiros
BARREIROS — Tamandaré
SÃO JOSÉ DA — Boca da Barra
COROA GRANDE — Do Porto
Várzea de Una
Gravatá
São José da Coroa Grande

Litoral de Pernambuco

20

CIUDAD DE BRASIL

Si esta es su primera visita o la centésima poco importa porque el hecho es que Brasil tiene muchos lugares para ver y ofrece muchas cosas que hacer a los turistas. No existe un mejor momento o lugar para visitar Brasil. Por lo tanto, para tratar de ayudarle a planear sus vacaciones en Brasil, le elencamos los destinos más importantes (sin orden de preferencia):

PARQUE NACIONAL DEL AMAZONAS

Se extiende por 7 estados de los 27 que forman Brasil, "El Infierno Verde" cubre casi el 40 por ciento del territorio y además de ocupar la Selva Amazónica, se extiende también a los países vecinos (en particular en Bolivia, Colombia, Guyana y Perú), pero Brasil es lugar en donde más turistas se concentran para admirar esta maravilla natural. Entre las actividades que se pueden realizar en el Amazonas encontramos: observación de aves, senderismo, escalada, rafting, etc ... Sin duda, una visita a Brasil es incompleta sin una visita al Amazonas.

CATARTAS DEL IGUAZU

Se describen como una de las siete maravillas naturales del mundo. En el Río Paraná, las cataratas actuan como una frontera natural entre los países de Brasil, Argentina y Paraguay y componen un total de 275 chorros de agua. El mejor momento para ver las cataratas del Iguazú es entre el mes de octubre y diciembre y se aconseja permanecer por lo menos una noche antes de pasar a su próximo destino.

RIO DE JANEIRO

La palabra "exótico" encierra la esencia de Río, la segunda ciudad más poblada de Brasil (después de Sao Paulo), pero Río también es caótica, sofisticada, abierta, amistosa, alegre y relajada. Encontramos todas estas características en un solo lugar. La mayoría de las personas en Río combina sol, el mar y el surf. Río es todo esto y también mucho más.

Si usted está buscando una combinación de playas, deportes, sol, parques y jardines exóticos, con unas vistas espectaculares de las montañas, un poco de baile y cócteles, Río es el lugar para usted. Río de Janeiro tiene una belleza majestuosa, incluyendo una hermosa bahía con playas deslumbrantes y montañas cubiertas de vegetación tropical.

Con la creación de Brasilia en 1960, Río ha dejado de ser la capital de Brasil, pero sigue siendo una gran capital cultural con muchos museos que albergan una gran variedad de arte e información sobre la vida y la cultura brasileña. La ciudad es una de las tierras más densamente poblada, con 6 millones de habitantes.

Río ama el sol y sus famosas playas son libres para todos, con el surf como un pasatiempo popular. La legendaria playa de Copacabana es muy animada, llena de gente que juega al volley-playa escuchando samba. El paseo está lleno de stands donde se puede tomar cualquier tipo de batido de frutas tropicales, agua de coco y comprar a los vendedores ambulantes que ofrecen todo lo necesario para aprovechar de la playa.

Otra playa, Ipanema, joven y moderna, con numerosas boutiques, es el objetivo de las clases ricas de Río.

Si hablamos de cultura, el Museo Histórico Nacional de Río como muchos otros museos y centros culturales financiados por particulares, está llenos de obras maestras y maravillosa historia. El Museo Nacional de Historia cuenta con una colección de 30.000 piezas, entre joyas de marfil que pertenecieron a la familia imperial. En el Monasterio de São Bento, podrá admirar magníficos candelabros de plata y frescos dedicados a la Virgen. El Convento Franciscano está cubierto de madera dorada, con techos pintados que representan la glorificación de San Francisco.

Se necesitaría un día entero para ver todas las grandes iglesias. Una de las más importantes es la Catedral Barroca de la "Igreja de Nossa Senhora da Gloria" conocida por su gran cúpula.

Uno de los lugares más emocionantes es el "Corcovado" una montaña con una pared de granito superada por el " Cristo Redentor "(Cristo Redentor), una estatua de 100 metros que abarca y protege todo Río. Se puede llegar a la cima de una montaña, disfrutando de una vista única de la playa.

El segundo pico más famoso es el Pan de Azúcar, que es igualmente impresionante y ofrece una perspectiva diferente de la ciudad. El Pan de Azúcar se compone de una losa de granito en la entrada de la Bahía de Guanabara. Desde la cima de 1.295 metros, se puede ver toda la ciudad a lo largo de las playas y el océano Atlántico. Para subir se utiliza un cable que tiene una longitud de 4265 metros. Las puestas de sol vistas desde la cima son fabulosas.

La vida festiva de la ciudad alcanza su punto álgido durante el carnaval anual, del cual beneficia toda la ciudad durante tres días. Música, fiestas, bailes, desfiles callejeros, bailarines en trajes brillantes y miró.

¡Siempre hay tiempo para el Carnaval y la Samba en Río! El carnaval es el mejor momento para visitar la ciudad, y la ciudad es aún más llena de gente. El carnaval se lleva a cabo en febrero o marzo, según la fecha de Pascua de cada año. Es mejor llegar un poco temprano para disfrutar de todas las atracciones y lo más importante es reservar hoteles por lo menos con un año de antelación.

Preste especial atención a las playas y a la noche. Deje su pasaporte, joyas, dinero y la mayor parte de cosas de valor en su hotel.

PANTANAL

Considerada una de las reservas naturales más grandes del mundo, en Pantanal cada visita debe ser cuidadosamente planeada ya que la zona no es ideal para los turistas - de hecho, existen pocas infraestructuras. Sin embargo, no deje que le impidan visitarla debido a que el Pantanal es verdaderamente un magnífico lugar. Los pescadores se sienten especialmente atraídos al Pantanal ya que es uno de los mejores lugares para la pesca en América del Sur. Pero también la observación de aves atrae a la mayoría de los visitantes.

SALVADOR

Salvador fue la capital del Brasil colonial, se encuentra en Bahía de Todos los Santos. Los visitantes de esta maravillosa ciudad pueden disfrutar caminando por las calles estrechas y empedradas que se han mantenido intactas desde que la ciudad era el centro de los esclavos africanos. No se pierdaa una visita a El Salvador a la Igreja de São Francisco. El interior está revestido con hojas de oro. No muy lejos de la iglesia se encuentra el Farol de Barra del siglo 16 con vistaa al faro fortificado, la segunda bahía más grande de Brasil.

La ciudad del Salvador, capital del Brasil colonial durante casi dos siglos, es hoy una ciudad de 2 millones de personas. La cultura africana se originó por los antiguos esclavos y se refleja fuertemente en la cultura de la ciudad. De hecho, el 70 por ciento de la población de la ciudad es afro-brasileña. La ciudad fue construida en dos niveles distintos, con las colinas residenciales y llanuras en el centro comercial, se divide entre la parte superior e inferior, con un ascensor que le llevará de uno a otro. Las playas de El Salvador han sido una fuente de inspiración para escritores y músicos. Proporcionan sillas, sombrillas y quioscos que venden una gran variedad de platos tentadores y bebidas. Muchas playas se iluminan por la noche y los bares y restaurantes son famosos por sus "noches locas". Tal vez usted querrá hacer compras en el Gran Mercado Modelo, así como visitar los numerosos museos. O bien, puede aventurarse y subir a la Fortaleza de San Antonio, que está ubicada en la punta de la península, y dar un paseo hasta el faro y el museo náutico y porque no disfrutar también de la playa cercana.

La elección de hoteles en Salvador es muy amplia, y va desde elegantes y lujosos apartamentos con administraciòn familiar.
La mejor época para visitar la ciudad es entre noviembre y abril y julio (cuando las escuelas están cerradas) y es mejor no salir de noche en las zonas no centrales, especialmente si usted está solo y, por supuesto, debe dejar joyas, relojes y gran parte del dinero en el hotel.

SAO PAULO

Hay una palabra que resume Sao Paulo ¡GRANDE! La ciudad no es sólo la más poblada de Brasil, sino también el centro comercial de Brasil, con algunos de los mayores rascacielos del país. Sin embargo, los visitantes de Sao Paulo no deben pensar que es solo trabajo y nada de diversiòn, porque una vez que el sol se esconde en Sao Paulo la vida nocturna se ilumina con algunos de los pubs y clubes más de moda en todo el país, algunos sostienen que en Sao Paulo se encuentran los clubes más en sintonía con los modernos estilos occidentales de Rio.

Sao Paulo es una de las joyas más hermosas de Brasil. Esta joya es una ciudad radiante que coexiste con la cultura y la industria. Sao Paulo es una amalgama de diversas culturas que conforman la cara moderna de esta metrópolis brasileña.
La ciudad de Sao Paulo, si bien es tan popular hoy en día, ha sido durante cientos de años una pequeña ciudad colonial y son

evidente las relliquias de la antigua ciudad que aún se pueden encontrar en toda Sao Paulo.

Hoy, con 32 centros comerciales, cientos de tiendas y decenas de carreteras de cuatro carriles constantemente ocupados, la ciudad también se enorgullece de ser el hogar de dos de los quince parques zoológicos más famosos del mundo, así como un gran número de parques y un magnífico Jardín Botánico.

Sao Paulo tiene lo mejor de ambos mundos, con prácticamente todo lo que desea encontrar en una gran ciudad, así como algunas cosas que usted esperaría. Notable es la alta concentración de inmigrantes, lo que la transforma en una ciudad cosmopolita. Más de 1 millón de japoneses viven aquí para dar a esta ciudad la distinción de ser la mayor ciudad japonesa fuera de Japón. Liberdade es el nombre del distrito donde se encuentra el centro de la cultura japonesa, es un centro de la comunidad asiática, realzado por los jardines pintorescos y las tiendas exóticas. No se olvide también que el 40% de los Paulistana es de origen italiano.

Para aumentar la riqueza cultural de Sao Paulo, los museos tienen las mejores exposiciones permanentes de arte latinoamericano y de arquitectura en todo el continente sudamericano. El perfil actual de una media docena de edificios del Complejo El Memorial de América Latina está lleno de arte latinoamericano. Este complejo es de fácil acceso con el metro, es limpio y moderno, el mejor del mundo.

No se pierdaa los muebles que se remontan al Imperio del Brasil Ipiranga del Museo Imperial (Museu Paulista). Con tantos recursos e instalaciones, esta ciudad es una delicia para experimentar y explorar. Las grandes vías de la Avenida Paulista, la principal calle de St. Paul, son un buen lugar para empezar a explorar la ciudad caminando.

Sao Paulo es una sobreposición fascinante de lo antiguo y lo moderno, aquí usted puede encontrarse sumergido en el esplendor de la época colonial junto con el confort moderno. Sao Paulo es una ciudad en espera de ser descubierta, limpia, brillante y emocionante y cambiará completamente su idea de Brasil.

BRASILIA

Brasilia fue construida por los arquitectos más importantes del país, Oscar Niemeyer y Lucio Costa, en el 1950 para sustituir a Río como la ciudad capital de Brasil. Sin embargo, esto no significa que el diseño de las ciudades no fuera bien pensado. Para ser honestos, Brasilia fue pensada como la capital administrativa de Brasil, que es también la función actual. Sin embargo, los arquitectos de la ciudad no habían considerado la empresa privada del edificio existente en Brasilia. De consecuencia, todas las buenas intenciones de los arquitectos se perdieron y la ciudad de hoy es poco más que un lío extenso de edificios con un diseño moderno. En definitiva, Brasilia vale la pena una visita si usted tiene mucho tiempo a disposición, pero si tu tiempo es limitado le conviene concentrarse en otras zonas.

MANAUS

Situada en el corazón de la Cuenca del Amazonas, Manaus es un destino popular para turistas que buscan excursiones exóticas en el corazón de la Amazonia.
Manaus ofrece dos principales atractivos para los turistas. La primera es, obviamente, la oportunidad de viajar por la cuenca del Amazonas, la segunda es la oportunidad de ver algunos de los mayores buques oceánicos y de visitar un puerto mundia donde hasta un millar de kilómetros tierra adentro se cargan y se descargan los productos.

RECIFE

Situada en la Costa de Oro de Brasil (nordeste de Brasil), Recife es un popular destino turístico. Recife es conocida también por el número de canales y puentes que cruzan la ciudad, también llamada la "Venecia de Brasil". La ciudad también tiene una serie de museos e iglesias. Sin embargo, ninguna visita a Recife es completa sin una visita a la antigua cárcel de la ciudad, para que su visita sea más interesante, el complejo cuenta además con un centro comercial.

Recife es la capital del estado de Pernambuco y es considerada una de las ciudades portuarias más importantes de Brasil. Recife es la quinta ciudad más grande de Brasil, pero es menos moderna y cosmopolita que otras ciudades brasileñas. El Aeropuerto Internacional de Guarapares es el aeropuerto de la ciudad y ofrece numerosos vuelos desde y hacia este destino. Recife fue fundada como una ciudad portuaria ubicada entre playas de arena blanca salpicada de palmeras y arrecifes de coral. El área urbana está creciendo rápidamente y está conectada por una serie de puentes y vías navegables. En 1982, la cercana ciudad de Olinda fue declarada por la UNESCO Patrimonio y Turismo, obviamente, se ha visto influenciada de manera positiva.

El nombre Recife deriva de la palabra portuguesa "recife de corales" es decir "barrera de corales". El área fue la primera en Brasil a rebelarse al dominio portugués en el 1534. El estado de Pernambuco prosperó con la industria de la caña de azúcar, que fue presentada originalmente en el área por Duarte Coelho. Recife era una tierra fértil con un clima muy adecuado para el cultivo de caña de azúcar. Los pueblos indígenas de Brasil han sido empleados para trabajar la tierra y cultivar los campos de caña de azúcar. Cuando esto ya no era una solución viable para producir, los esclavos que fueron traídos de África se reunieron en el país entre el siglo 16 y siglo 19 para reemplazar a la población indígena que no cooperava y así sustituida para trabajar los campos. El brasileño posee elementos muy visibles de la cultura negro en los alimentos, la danza y la música bajo la influencia de los pueblos africanos. La combinación de indios, portugueses y esclavos negros era tan alta que hizo Recife uno de los pueblos con mayor diversidad cultural.

El Carnaval de Recife tiene una tradición famosa y es definitivamente uno de los más bellos y famosos de Brasil.
Cada hotel en Recife espera con los brazos abiertos en esta época del año. Las calles cobran vida con nativos indios y africanos Maracatu con el sonido del Frevo y del Samba. Usted quedará encantado por la atmósfera, los sonidos y el desfile de las carrozas de carnaval.

SAO LUIS

Sao Luis, que fue nombrado por el rey Luis XIII (de Francia), es considerada como una de las ciudades más bellas de Brasil. La arquitectura de la ciudad colonial y fue fundada por un pirata francés, con magníficas iglesias y palacios. Sao Luis es simplemente encantador y delicioso es una fusión de todas las culturas de Brasil: africana, indígena y portuguesa. Realmente vale la pena visitar esta hermosa ciudad.

NATAL

Natal es la capital de Rio Grande Do Norte. Rodeada de hermosas playas y dunas de arena que corren a lo largo de sus 40 km de costa. Geográficamente hablando Natal es el punto más cercano de Brasil a Europa.
Natal tiene dos centros urbanos, incluyendo las ciudades de

Natal y Ponta Negra, esta es el área más popular para el entretenimiento, restaurantes y alojamiento. Conocida como la "Ciudad del Sol" y también "Ciudad de las Dunas" Natal está situada en el noreste de Brasil a unos 15 grados al sur del Ecuador el sol brilla más de 3.000 horas cada año. La temperatura media en Natal es de unos 28 grados centígrados. Durante el verano llega a 38 grados centígrados.

Cuando usted planea unas vacaciones en Natal debe tener en cuenta que la mejor época para visitarla es de noviembre a febrero y de nuevo en julio. Hay hoteles cuatro y cinco estrellas situado en la Via Costeira que ofrecen un excelente servicio. Todos directamente frente a la playa y la mayoría de las habitaciones tienen una hermosa vista al mar. Para encontrar una gama más amplia de alojamiento sólo se mueven en Ponta Negra, donde se puede encontrar una variedad de hoteles que satisfacen las necesidades de cada bolsillo. Unas vacaciones en Natal no serían completas sin un paseo por las numerosas playas tanto al norte como al sur, entre las más famosas encontramos Praia de Pipa.

FORTALEZA

Dos palabras definen la capital del estado de Ceará: "sol y día".
Fortaleza es la ciudad costera brasileña con más días de sol durante todo el año. Fortaleza es una ciudad cálida con una brisa agradable a lo largo de la costa, con pequeños cambios de temperatura durante el año ya que está situado muy cerca del Ecuador. Hay un ligero descenso en la temperatura desde abril a agosto, pero la se mantiene siempre entre los 24 y 28 grados centígrados. El resto del año la temperatura es de 30 grados centígrados.
El forro es un estilo de música típica de la región en el noreste, está en la sangre de la gente se escucha en cualquier lugar: en la

playa, en bares, restaurantes, clubes nocturnos y calles de la ciudad. La mayoría de los bares y las playas están abiertas hasta muy tarde y algunas de las estaciones de esquí, como Canoa Quebrada Cumbuco, no suelen cerrar sus restantes abiertos hasta el amanecer.

La vida nocturna comienza a moverse alrededor de la medianoche y luego sigue hasta la mañana. Los principales destinos turísticos están situados en la Playa de Iracema con varias discotecas y bares como Café del Mar y Mambo y el Pirata, una discoteca famosa porque los lunes es dedicada a los amantes de la música Forró.

Famosa por su cordialidad y hospitalidad de su gente, por su iluminación animada y una diversidad cultural increíble, Fortaleza es una ciudad bien desarrollada y cuenta con modernas instalaciones, puertos, aeropuerto internacional, las mejores cadenas hoteleras internacionales, centros comerciales, teatros, bares, discotecas, así como amplias zonas verdes y de ocio. Durante décadas fue un destino popular para los turistas brasileños, pero en los últimos años, la fama de Fortaleza está llegando al mundo y el número de europeos, norteamericanos y sudamericanos procedentes de Ceará ha crecido rápidamente.

Recorriendo la ciudad el mar tiene una variedad de atracciones. Las playas urbanas más importantes de Fortaleza son Meireles, Volta y Jurema Mucuripe, unidas entre sí por la Avenida Beira-Mar. Hay edificios modernos, incluidos los hoteles de primera clase, bares en la playa (barracas) y restaurantes que sirven cocina local y deliciosos platos de mariscos. Praia do Futuro al sureste de la ciudad es otra playa turística popular con su arena blanca y un ambiente relajado de unos 7 km de longitud, es el favorito para la natación y el surf. Praia do Futuro se ha hecho famosa por su "barracas" (restaurantes rústicos que se erigen a lo largo de la playa), que ofrecen excelente cocina local y el entretenimiento musical. Ponta das Dunas Beach Park, en las afueras de la ciudad, es el parque acuático más grande de Brasil y también ofrece un hotel-resort.

La playa de Cumbuco es famosa por el surf y los paseos de buggy en emocionantes kilómetros de dunas de arena. Uno de los lugares de interés en Cumbuco es la Lagoa do Banana, donde los huéspedes pueden disfrutar de muchas actividades acuáticas como el canotaje, paseos en lancha y banana boat-en la laguna. Gracias a sus atracciones y su cercanía a Fortaleza (30 minutos en coche), Cumbuco es uno de los lugares en Brasil con la mayor presencia de extranjeros en busca de una residencia. Esto ha causado un auge en bienes raíces y construcción.

Volviendo a la ciudad de Fortaleza, la misma es también célebre por su cultura y para mantener las características arquitectónicas de finales del siglo. Algunas atracciones principales se encuentran los edificios de Estoril, sede de numerosos restaurantes y una sala de exposiciones. El Puente Dos Ingleses (Puente de los británicos) y el Centro Cultural Dragão do Mar, es uno de los centros culturales más avanzados y completos de Brasil. No se olvide de la Estatua de Iracema, una de las señales. Al igual que cualquier ciudad que también no es 100% perfecta, Fortaleza también tiene muchas zonas pobres, incluyendo algunas favelas y otras zonas peligrosas dentro de la ciudad. Por lo tanto, es necesario estar siempre atento, dejar las joyas y objetos de valor en el hotel, llevar solo el dinero necesario y no ir a calles y lugares desconocidos.

CURITIBA

Curitiba es una ciudad de 1,5 millones de habitantes, muchos de los cuales son descendientes de europeos, y un puerto importante. La ciudad se remonta al 1669, con el primer asentamiento europeo y plantaciones de caucho que condujo a la disminución de la riqueza en el 1920. Hoy la ciudad es conocida por sus importaciones de nueces del Brasil y el equipo electrónico de producción y refinación de petróleo.
La ciudad de Curitiba se preocupa por el medio ambiente y posee

una planificación urbana innovadora con muchos parques y jardines. Uno de los mejores es el jardín "ardim Botanico que incluye un castillo de dos pisos de vidrio. El Museo Botánico en el parque ofrece una amplia gama de exóticas plantas brasileñas.

Una de las atracciones más populares es el tren característico que viaja entre Curitiba y Paranaguá. Terminado en el 1880, ofrece un impresionante viaje de tres horas, viajando dentro de los 13 túneles y 67 puentes. A lo largo de la ruta se pueden ver arroyos, cascadas y vegetación vibrante.
Uno de los dos trenes al día es especial para turistas. Especialmente práctico y còmodo, frena en los lugares màs pintorescos. Un tren regular, a un precio mucho más bajo, también está disponible.

FLORIANOPOLIS

Florianópolis o Floripa, como también se le conoce, es la capital del estado de Santa Catarina que se encuentra en el sur de Brasil. Cuenta con una vibrante combinación de colores y de cuál es la mejor que Brasil tiene para ofrecer y está situado entre la ciudad de Porto Alegre y Curitiba. Ubicada en una extensión agrícola rica, la ciudad es la meca comercial y cultural. La población en el área metropolitana de la isla es el hogar de más de 821.000 personas, mientras que en la isla viven más de 400.000 personas. Florianópolis está unida al continente por un puente que permite un fácil acceso al resto de Brasil y los países vecinos.
La mitad norte de la isla de Florianópolis es la más densamente poblada, mientras que el Sur sigue siendo más aislada y menos desarrollada. Con más de 100 playas de arena blanca Florianópolis atrae a muchos sudamericanos al año. Ambos vuelos nacionales e internacionales llegan y parten desde el aeropuerto internacional Herciliop Luz. La ciudad se encuentra a

una hora de vuelo desde Sao Paulo y dos horas de vuelo desde Río de Janeiro y también hay vuelos diarios hacia y desde las principales ciudades de Brasil.

Florianópolis tiene una amplia selección de hoteles, casas de huéspedes y bed & breakfast (posadas). También hay sitios para acampar para los viajeros más aventureros. Para un toque de lujo frente al mar también puede encontrar suites frente a la playa. Hay muchas cosas que hacer en esta isla subtropical incluyendo vuelo sin motor, kayak, windsurf, kite-surf, paseos por la naturaleza, etc ... La gente local y los turistas llenan los restaurantes y bares. El mercado público en el centro de música en vivo se pueden disfrutar a diario. La mejor época para visitarlo es entre marzo y abril.

¿POR QUÉ BRASIL ?

El mayor catalizador para el desarrollo reciente del país ha sido la nueva administración en 2003. Este nuevo gobierno con su visión del futuro creó una economía favorable para la política exterior de promoción de inversiones y de modernización tributaria que conducen al crecimiento del negocio.

• Brasil es una excelente opción para vivir o pasar sus vacaciones con una fantástica calidad de vida
• No hay condiciones climáticas extremas como los huracanes y los tsunamis ni catástrofes naturales como terremotos y erupciones volcánicas.
• El clima es constante durante todo el año con una temperatura de 27 ° C.

La agencia Standard and Poors (S & P), el 30 de abril del 2008, dio a Brasil, el reconocimiento "selo de qualidade", reduciendo el riesgo del paìs y permitiendo el acceso del país a nuevas líneas de crédito a gastos externos más competitivos, una condición importante para atraer inversiones extranjeras.

El acceso al mercado inmobiliario a bajo costo

Actualmente Brasil permite la compra de una propiedad a bajo costo, generalmente más bajos que en italia. Un apartamento, según el tipo de construcción y ubicación, podría ser el equivalente del costo de una plaza de aparcamiento en una de nuestras ciudades.

Revalorización

Es una opiniòn ampliamente compartida que el mercado inmobiliario en Europa y los EE.UU han llegado a la cúspide del ciclo de expansión de los últimos años. Los precios son muy altos, algunas personas hablan de "burbuja inmobiliaria", pero es más razonable pensar que los precios de los bienes se mantendrán estable en los próximos años. Este fenómeno se refleja en la crisis global que comenzó en el 2008. En Brasil, sin embargo el mercado inmobiliario es sólo al comienzo de la fase de expansión, los precios son bajos y las perspectivas para la revalorización futura son interesantes.

Según la misma Cámara Brasileña de Industria de la Construcción CBIC ya en el 2008 se han superado las expectativas, impulsados por un fortalecimiento del mercado en los últimos años, expresado también por un aumento de la financiación de la vivienda que pasó de R $ 2,2 billones en el 2003 a R $ 25.20 millones en el 2008. El crédito inmobiliario se garantizó con una base legislativa y en ese tiempo ha dado la confianza a los inversores y a los consumidores, así como reducir la vulnerabilidad a la crisis en Brasil, como ha sucedido recientemente en el mercado de América del Norte en comparación con la hipoteca.

La estabilidad y la continuidad de la política económica iniciada por el Plan Real en 1994, continúa en el tiempo, reduciendo los niveles de inflación y la exposición de Brasil a las fluctuaciones internacional. Esto por lo tanto asegura un mercado más previsible, un requisito previo para una mayor susceptibilidad a la solicitud de préstamos y donaciones.

El mismo programa del gobierno que la PAC 9 Programa de Aceleración del Crecimiento, lanzado por el Gobierno en 2007, empuja a consolidar, en relación con las intervenciones interrelacionadas público-privadas, la logística y la infraestructura, proporcionando una expansión del sector de la construcción, así como el "premio a la Copa del Mundo en el 2014" que aumentará la inversión en infraestructuras y edificios.

Por otra parte, el PIB para 2009 es positivo. Significativo es también el programa "Minha Casa, Minha Vida" establecido por el gobierno para garantizar el acceso a la vivienda para familias de bajos ingresos, la creación de 1 millón de viviendas nuevas y estimulantes condujo la construcción civil. El déficit habitacional calculado para aproximadamente 7,2 millones de hogares a 28,5% , se concentra cerca de las regiones metropolitanas.

Baja los costos de transacción

El bajo costo de las transacciones está protegido por la disminución de los gastos accesorios, bajos impuestos y comisión estatal notaril. Esta situación puede dar casi la totalidad del capital invertido en el valor real de la propiedad, al contrario que en Italia, especialmente en lo que respecta a la segunda casa. Se recomienda, sin embargo, pedir cita en los servicios profesionales que se ofrecen con el fin de cumplir con el objetivo de la transacción de derechos de propiedad y no tener sorpresas.

Es importante contar con firmas de abogados para prestar dichos servicios, en función de las negociaciones emprendidas, otros profesionales capaces de realizar las funciones necesarias para garantizar un resultado integral y satisfactorio.

Sería conveniente entonces, en todo caso, contar con el apoyo de profesionales tales como abogados, escribanos, contadores, arquitectos con probada experiencia y acostumbrados a las negociaciones internacionales.

Fácil y segura

Durante varios años, Brasil atrae inversiones extranjeras, que son cada vez más apreciadas. Esto le permite adquirir fácilmente cualquier tipo de bienes raíces para uso personal. Usted no necesita un certificado de residencia o la apertura de una cuenta bancaria allí.
Brasil ha crecido en los últimos años desde el punto de seguridad de la transacción. La adquisición tiene lugar sólo en virtud de contratos jurídicamente perfecto.

En resumen:

1) No se deja por detràs, sólo problemas y un futuro incierto. En Italia el trabajo se acabò, incluso el no cualificado. El cualificado que daba placer, así como independencia económica, como deberia ser el verdadero trabajo, ya estaba terminado hace mucho tiempo. Así que no se arrepienta.

2) Difícilmente en el futuro el cambio será más favorable. El valor máximo alcanzado durante la primera elección de Lula fue de 1 euro por 4 reais pero todos los de América Latina parecían al borde de la quiebra. Argentina fue un fracaso y en Venezuela ocurriò el golpe que derrocó al Presidente Chávez y Brasil, por primera vez, parecía que el eterno segundo Luiz Inácio Lula da Silva del Partido de los Trabajadores podia tomar el poder.

Las cosas eran entonces como la conocemos: Argentina habia renegociado su deuda, Chávez volvió triunfalmente en Caracas y fue reelegido, Lula y la eficacia de convertirse en el nuevo presidente de Brasil, pero, contrariamente a los temores de los economistas, bajo su gobierno Brasil ha prosperado como nunca antes. Es sin dudas afortunado, porque gracias a la apertura del mercado a China, había una enorme demanda de materia prima en Brasil que es el principal exportador: soja, mineral de hierro, jugo de naranja, café, azúcar.

3) El costo de vida sigue siendo relativamente bajo. Se vive tranquilamente con $ 1000 por mes y como siempre se está de vacaciones ya no se gasta una cantidad de dinero para ir a la playa una vez al año.

4) El interés sobre los Bonos del Tesoro de Brasil, a pesar de que se hayan reducido, ahora se acercan al 10% de las acciones.

5) El clima es excelente (al menos en el noreste), lo cual significa una reducción drástica de los costos para la calefacción y la ropa. Bermudas, camisas polo y chanclas todo el año! Y los brasileños son amigables y serviciales. La media de edad en Brasil es de 28 frente a 43 en Italia. Y no se olvide de la música, excelente comida, etc ....

¿ DEMASIADO CARO PARA USTED? ESTOS SON LOS HECHOS ...

• Usted puede comprar una propiedad frente a la playa por menos de € 50.000 / $ 67.000
• Una cena para dos personas en un restaurante de buena calidad con el vino cuesta € 10 / $ 14
• Una botella de cerveza cuesta 73 cents brasileños € / $ 99 cents

Muchas personas que visitan Brasil vuelven una y otra vez. Las razones son muchas y variadas.

• Por la hospitalidad y la alegría del pueblo brasileño
• Por la belleza del país
• Por las playas impresionantes
• Por el clima perfecto (en el noreste del país es cálido todo el año)
• Por el tipo de cambio favorable para ir de compras, comer y el bajo costo de vida
• Por la economía que crece
• Por la gran vida nocturna
• Por la calidad de los alimentos
• Por las innumerables actividades deportivas y un sin fin de otras actividades

PERSPECTIVA

El gobierno brasileño considera al turismo como un importante recurso y lo promueve con entusiasmo. El ministro de Turismo asumió el cargo en 2003 y comenzó a promover el potencial del país como destino para pasar unas vacaciones nacionales y extranjeras. El número de turistas pasó de 3,7 millones en 2002 a 5,5 millones en 2005. Este es un increíble aumento del 48% y un motivo de fiesta para los inversores.

OBJETIVOS

Con el plan del gobierno para expandir el turismo invertido más de $ 736 millones en infraestructura, la ampliación de varios aeropuertos, la restauración de importantes lugares históricos y proyectos de preservación del medio ambiente.

Los principales destinos del gobierno brasileño planea expandir el turismo son:

• Atraer más de 9 millones de turistas al año
• Crear 1,2 millones de nuevos puestos de trabajo
• Recibir 8 mil millones de dólares en inversión extranjera
• Diversificar la oferta turística de inversores en nuevos proyectos turísticos como el turismo rural y eco-deportivos
• Aumentar el gasto medio de los turistas
• Aumentar el número de vuelos domésticos a 5 millones por año
• En una encuesta reciente el 96% de los turistas que visitó Brasil ha dicho volverà al país de la samba

RETORNO DE LA INVERSIÓN

• Invertir en 365 días de sol al año
• Comprar una propiedad en Brasil es tan seguro como comprar una propiedad en Europa.
• Toda la región del Nordeste tiene un atractivo mundial y ya ha

atraído a turistas de España, Portugal, Italia, Francia, Holanda, Suecia, Noruega, Dinamarca, Finlandia, Alemania, EE.UU., Japón, Suiza, Inglaterra, Argentina y recientemente Europa del Este y la India, por no mencionar la gran cuota de mercado ocupada por el turismo interno.

• Con la apertura del nuevo aeropuerto prevista para 2012 en el norte de Natal, habrá un aumento en el número de turistas que buscan soluciones de alto nivel
• Dado que en el àrea existe una gran representación de la clase alta brasileña, en Natal el mercado inmobiliario se beneficia de un buen mercado interno.
• El número de turistas a Brasil aumentaron en un 50% entre 2002 y 2005

¿POR QUÉ COMPRAR AHORA ?

En los últimos cinco años, el mercado de la vivienda ha tenido una revalorización del 20% anual y es una tendencia que continuará durante los próximos ocho años (tendencia del mercado).

El mercado inmobiliario del nordeste es aún muy joven, y es este el factor que la hace tan rentable para los inversores que invertiran antes de que se termine la tendencia.

NATAL: una estación de esquí DEL FUTURO

• Seguir el camino trazado por el gobierno nacional, el gobierno local también fue muy activo en la promoción y el apoyo a iniciativas turísticas y la zona ha sido protagonista de la creación de muchas nuevas instalaciones y nuevos destinos turísticos.

• El actual aeropuerto de Natal (Severo Ochoia) se encuentra a 35 minutos de los centros turísticos más importantes. El nuevo aeropuerto Sao Gonzalo do Amarante, finalizado en el 2012, está destinado a ser el mayor aeropuerto comercial en América Latina. El aeropuerto será el centro neurálgico para la mayoría de todos los de América del Sur y la consolidación de Natal como el primer destino turístico en Brasil.

• Durante los próximos cinco años, más de 1,8 mil millones de dólares serán invertidos en la creación de nuevos hoteles, campos de golf y resorts en una única zona de Natal-Río Grande Do Norte

• El nuevo puente en Natal (El Puente de Todos Newton-Navarro), inaugurado en 2007, se hizo con la intención de unir a las playas de Natal Redinha y por lo tanto todas las playas del norte, facilitando el acceso mediante la sustitución del menos eficiente servicio ferry-boat. Esta nueva infraestructura impresionante ha acercado al centro de Natal a las playas del Norte de 10 kilometros.

• El turismo interno es también muy fuerte en el noreste de Brasil. En enero de 2005, Natal ha recibido 197 vuelos domésticos, más de 6 por día y en un año más de 1.7 millones de turistas brasileños de otros estados llegaron a Río Grande Do Norte.

NATAL

• Natal es el punto más cercano a Europa
• Sólo el 8 horas de vuelo
• Situado en el nordeste de Brasil
• Clima templado todo el año la temperatura promedio de 27 C ° con una ligera
• Se celebrará el octavo aeropuerto más grande del mundo, el aeropuerto de Sao Gonzalo cuya apertura esta a finales del 2012

• Fuerte potencial de crecimiento del mercado

INVERSIÓN INMOBILIARIA EN BRASIL

De unanimidad sigue siendo la idea de que una de las mejores inversiones disponibles en la actualidad y sobre todo para mejorar la gama de normales inversores, son los bienes raíces.
En Brasil, dada la enorme extensión territorial, la vasta variabilidad del clima tropical del Ecuador, la población diferenciada por clase, raza, origen social y cultura, no se puede hacer una clasificación exhaustiva y concisa sobre el mundo de la vivienda ya que es muy variado en el tipo y el patrón de consumo.
Pero hay una distinción macro en el mercado inmobiliario en Brasil, principalmente se distingue en las siguientes categorías:

- Construcción de viviendas de bajo costo. Estos proyectos son a menudo financiados por el Gobierno Federal o por los fabricantes que se especializan en casas muy pequeñas.
- Residencias de la Propiedad de Inversiones para la nueva clase media, que en los últimos dos años ha alcanzado más de 30 millones de personas con un ingreso promedio de más de € 700.00 cada una. Esta construcción se concentra alrededor de las grandes capitales.
- Residencias para Inversión y Turismo para la demanda nacional e internacional para una casa de vacaciones la segunda o tercera casa. Los mejores lugares se encuentran en la región Nordeste, donde el clima es favorable 12 meses del año.
- Proyectos para Inversión y Producción Comercial y la infraestructura. Este segmento es de un fuerte crecimiento en todas las áreas de Brasil.

¿QUE HACE QUE UNA PROPIEDAD EN BRASIL SEA UNA BUENA INVERSION?

Las propiedades en Brasil en los últimos dos años en algunos casos han duplicado su valor: y un gran crecimiento, se prevé durante el próximo año. De acuerdo con algunas organizaciones que se especializan en propiedades de bienes raíces en el noreste y en el Amazonas, Brasil es pais con el preci de vivienda más que el más atractivo del continente americano y ofrece las mejores oportunidades.

La inflación está bajo control y está disminuyendo y en 2008 fue del 5,9% 1. Además, el proceso de democratización, la estabilidad monetaria y el riesgo país reducido, será capaz de hacer más aceptable la entrada de capital extranjero. Los economistas esperan 5 años de crecimiento continuo.

Incluso la famosa revista Forbes EE.UU. 2, voz autorizada en la economía mundial y famosa por sus rankings, ha puesto a Brasil entre los mejores países para invertir. De hecho, la inversión extranjera directa a Brasil (IED) han alcanzado el umbral en 2008, gran parte de USD 43866 millones dólares, alcanzando un récord con nada menos que 205 045 000 Reservas Internacionales USD $ 3. Italia, en 2008 a 21 º lugar, ha invertido unos 326 millones dólares USD. E 'en la 10 ª posición en el ranking de la mayor economía del mundo.

Como en todo el mundo, la industria de la construcción en Brasil es generalmente pro-cíclicas macro, capaz de swing por un súbito aumento, como ocurrió en 2005 y todavía es capaz, sino también revertir la tendencia pronto. Este cambio continuo se explica principalmente por una subestimación de los bienes inmuebles potencial en los últimos años ha sido las altas tasas de interés y bajos recursos económicos. Sin embargo, la tasa de interés dinámico en Brasil parece tender hacia una señal positiva acompañada de un cheque sobre la inflación y por lo tanto precios más bajos. Esto implica la ampliación gradual de la curva de rendimientos.

1 IBGE - Instituto Brasileño de Geografía Estatística www.ibge.gov.br IPCA - La inflación del 2008 -

2 Forbes - diario americano de Economía y Finanzas fundado en el 1917 por BC Forbes.

Banco Central do Brasil 3 - Procesamiento de datos sobre la inversión extranjera directa - www.bcb.gov.br

La clave para el desarrollo del sector inmobiliario a largo plazo también es el resultado del perfil demográfico de Brasil. Según el IBGE, la población de Brasil (de edad comprendida entre 25 y 49 años) debería crecer a una tasa compuesta anual de 0.2% en los próximos 20 años, mostrando que el objetivo de compra para el sector residencial debería crecer un 0,5% CAGR.

La demanda de edificios y de viviendas ha crecido mucho gracias a las iniciativas gubernamentales encaminadas a reducir las tasas de interés y a un acceso más fácil al crédito. Esto dio lugar a un incremento en la construcción civil. Por otra parte, el crecimiento económico de los últimos años, nos recuerda que Brasil cerró el año 2008 con un PIB de 5,1%[4], lo cual está ayudando a promover la propensión a consumir.

4 IBGE - Instituto Brasileño de Geografía y Estatística - Datos Oficiales - www.ibge.gov.br

De acuerdo con la clasificación y clases económicas, definidas en A, B, C, y D, en la categoría de clase media indicada como C[5], se observa un aumento de más de 10 puntos porcentuales pasando del 36% en el 2006 al 46% en el 2007. Esto significa un incremento potencial de compra homóloga a la de la clase media, a unos 20 millones de personas. Si se considera que la población actual es de aproximadamente 191 millones, el consumo potencial es considerable con 86 millones de personas que forman parte de la clase media.

Sin embargo es muy importante tener en cuenta que la inversión inmobiliaria se analizará por separado para cada Estado de Brasil. El tamaño de este vasto país, su población muy diversa, sus diferentes áreas geográficas, las diferencias económicas y sociales entre Estados miembros y entre las regiones macro, la diferenciación cultural y étnica de datos actuales permiten apenas al inversor de utilizar la media nacional capaz de expresar la diversidad de situaciones

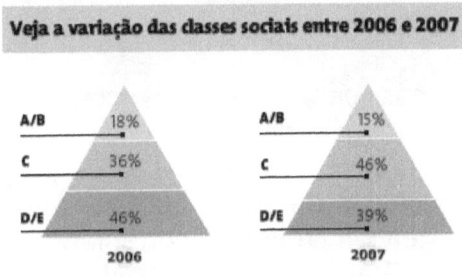

Veja a variação das classes sociais entre 2006 e 2007

Fonte: Cetelem e Ipsos

EL MERCADO DE LA PROPIEDAD

Antes de invertir es importante evaluar con precisión las oportunidades de mercado y los riesgos. Las altas expectativas de ROI (Return On Investment) pueden ser riesgosas.

El mercado primario

El mercado primario es la adquisición de viviendas terminadas o en construcción con la aplicación de la "incorporación" ya registrada en el registro de la propiedad. La incorporación de la actividad inmobiliaria se realiza con el propósito de construir, para su posterior venta parcial o total, edificios autónomos compuestos por unidades de construcción. Se rige por la Ley local N º 4591 del 16.12.1964, modificada por la Ley N º 4.864/1965.

Usted debe analizar la buena calidad de construcción, así como la ubicación de la tierra. En este caso el balance se basa únicamente en la renta y de la revalorización de la propiedad, lo que limita la mayor parte de los riesgos de inversión. Este paso podría ser el primer paso para ganar confianza en el mercado y entender sus procesos.

El mercado secundario

Este mercado es más para inversores con experiencia, que decidieron hacer un proyecto de construcción completo. En este caso se tiene un buen concepto de gestión de proyectos para la construcción y de técnicas de venta que se utilizarán, además, para garantizar una gestión financiera correcta.

Cabe señalar que en Brasil el dinero "cuesta" así que el tiempo es crítico para el éxito de un proyecto de construcción. ¿Es imprescindible conocer muy bien el concepto de "incorporación de propiedad" para el éxito del proyecto? Este mercado no es fácilmente accesible sin la cooperación de una empresa con sede en Brasil que dirige la operación. Hay índices de mercado que deben considerarse como el INCC (índice nacional de costos de construcción), que alerta sobre el aumento del costo de la construcción. No se pueden aplicar los conceptos de "Plan de Negocios" italianos para el mercado brasileño porque las variables de riesgo son muy diferentes.

COMPRA DE LA PROPIEDAD EN BRASIL

• Adquisición de bienes por extranjeros

No hay restricciones para extranjeros en la compra de bienes raíces residenciales y / o comerciales y las autoridades brasileñas fomentar la inversión extranjera. Hay algunas limitaciones en áreas específicas tales como los territorios marinos, islas, zonas agrícolas y las zonas fronterizas del país.

• Registro de la propiedad

Las propiedades se registran en Brasil a través de un notario público, bajo el control de la justicia. Cada propiedad se puede sólo registrar en un número de registro que indica la identificación física de todo el historial de transacciones de cada propietario. Esta información puede ser verificada por cualquier persona, tantos brasileños que quieren comprar y vender bienes inmuebles sin la asistencia de un abogado o consultor, sin embargo es muy recomendable para un extranjero comprar una propiedad con la ayuda de un consultor calificado.

• Impuestos

El beneficio obtenido por una venta tiene un impuesto igual al 15%. Honorarios de abogados que van desde el 2% al 5%, la tasa de cambio de la propiedad también varía del 2% al 5%, el impuesto sobre la propiedad anual es de aproximadamente 0,5% de su valor.

Cualquier ingreso de la propiedad registrada paga impuestos en el pais donde tiene la sede.

De hecho, existe el acuerdo de la OCDE para evitar la doble imposición que también forman parte en los contratos entre Italia, Brasil y Argentina. En cualquier caso, los ingresos deben incluirse en la línea de ingresos RW de la declaración. Pero ¿dónde se deben pagar los impuestos? Tenga en cuenta que en Italia a las personas con ingresos procedentes de terrenos y edificios van a un ritomo a un ritmo desde 23 hasta 43 por ciento. Mientras que en Brasil la tasa oscila entre 15 y 27,5 por ciento de los ingresos generados por los alquileres.

• Servicio de Bienes Raíces

Sin embargo, recomendamos a cualquiera que esté considerando comprar una propiedad en Brasil contar con un consultor de bienes raíces calificado.

COMO ELEGIR UN AGENTE

Los intermediarios autorizados tienen un número de registro CRECI homólogo a nuestros agentes de la Federación Italiana de intermediaciòn inmobiliaria Cada Estado tiene un organismo competente que lleva el registro de profesionales autorizados (www.creci.org.br). Una primera búsqueda podría comenzar desde aquí.

Los tipos de datos son los siguientes:

Administradoras - especialistas en bienes raíces y en la administración de bienes individuales y comunales.

Imobiliarias - Bienes Raíces.

Corretores - Agentes de Bienes Raíces. Si hay que hacer una inversión es aconsejable cotejar con abogados, bancos, constructores y profesionales para tener más referencias disponibles.

Los extranjeros tienden a tener mayor confianza en los demás extranjeros de Brasil, especialmente en las zonas turísticas se cuenta mucho.

Es posible que estos agentes de bienes raíces sean "improvisados" y no tengan la experiencia necesaria o, peor aún, traten de ganarse una comisión por no proporcionar información completa, clara y segura.

INFORMACIÓN ÚTIL SOBRE LA COMPRA

Para comprar una propiedad en Brasil lo primero que debe hacer es conseguir un número de identificación de llamada CPF (similar a nuestro código tributario). Podemos aconsejar y guiar en los pasos para obtener su CPF y durante su estancia hacer que usted necesitae en solo una mañana.

ASPECTOS JURIDICOS

Compra por parte de extranjeros

La ley brasileña no distingue entre brasileños y extranjeros en lo que respecta a la propiedad de los bienes y derechos adquiridos con la compra en los mismos. Sólo los gobiernos extranjeros no pueden poseer propiedades o terrenos, salvo que esos actos sean para dar cabida a su representación diplomática en Brasil. La prohibición que se refiere a los gobiernos extranjeros se expresa en el Centro de Congresos (Ley de introducción del Código Civil en sus artículos 1°, 2 ° y 3 °)
Es muy importante destacar que para comprar una propiedad en Brasil, tanto por personas físicas como por personas jurídicas, es necesario tener un abogado residente en Brasil abilitado a recibir citaciones. Incluso si no son residentes, los extranjeros en general, tienen los mismos derechos y mismos deberes que los brasileños.
El documento necesario para la compra de la propiedad por cada extranjero es el código fiscal local o CPF, con base en las disposiciones del Decreto N ° 3.000/99, art. 33, apartado 1, y la Declaración de Instrução Receita Federal N° 190/2002, art. Segundo, X, "a". Para obtener este documento en su lugar,debe presentar un certificado de nacimiento con la anotación en el margen de los nombres de los padres, junto con una copia certificada de su pasaporte y completar un poder especial. La

primera partida de nacimiento debe ser autenticada por la Prefectura y posteriormente legalizada por el Consulado de Brasil en Italia. La autorización deberá estar autenticada por la Fiscalía y posteriormente legalizada por el Consulado, mientras que el pasaporte debe ser autenticado y legalizado de la misma manera.

Es también posible abrir el MPN desde Italia. Todas las instrucciones y el formulario de solicitud en línea: www.consbrasroma.it   www.brasilemilano.it   y servicios consulares en sus respectivas secciones - Después de completar el formulario debe ser impreso y entregado a la embajada de Brasil en Italia (Embajada o Consulado) y la ACB debe llegar dentro de 80 días. Más información se puede obtener en:

consbras@consbrasroma.it (Consulado General de Brasil en Roma)

consolare@brasilemilano.it (Consulado General de Brasil en Milán)

Cuando a comprar una propiedad, sin embargo, es una empresa extranjera, además de las limitaciones de la legislación brasileña sobre bienes inmuebles rurales, se necesitará obtener el código para la entrada de impuestos - "Catastro Nacional de Pessoas Jurídicas Cademp através de la pertenencia del Banco Central, lo que usted necesita son los siguientes documentos: Certificado de Cámara (Cámara de Comercio) actualizado cuando los datos de la empresa consisten aquí siguiendo el proceso de legalización como se destaca en la página web del Consulado .

Título y Registro de la Propiedad

La transferencia de propiedad de la tierra en Brasil se realiza mediante un acto público de compra (Escritura Pública de Compra y Venta) firmado en las oficinas locales del notario en el Cartório do Registro de Imóveis y posterior registro ante las autoridades competentes Conservatoria de los registros de bienes raices, dentro de los próximos 30 días.

La propiedad, por lo tanto, se transfiere exclusivamente por el registro de título traslativo de propiedad en el catastro de conformidad con el art. Local 1245 cc, dice lo siguiente: se transfiere la propiedad entre personas vivas a través del registro del título de traslación en el Registro de la Propiedad.

Primer párrafo: Hasta que el registro se realizará, el vendedor seguirá siendo considerado el dueño de la propiedad. La ley que regula los registros públicos es la Nº 6015 del 31 de diciembre del 1973.

En el Registro de Bienes Raíces (Registros Públicos) se registran también los datos de la propiedad o la identificación de cada propiedad, identificada con un número específico (documento titulado "Matrícula"). Desde la fecha de su identificación con toda su historia y la existencia de cualquier tipo de enlace (hipoteca, prenda, entre otras cosas) que pueden imponerse. Este número sólo está presente en las propiedades que han participado en alguna operación jurídica o financiera después de 31 de diciembre del 1973. Se tarda unos 3 días para obtener una matrícula en un "cartorio".

De consecuencia, todas y cada una de las transacciones de compraventa de una propiedad debe adoptar la forma de las leyes locales y para ser válidas deberán estar registradas en estos libros por petición del notario (suponiendo compra o actos públicos), o por la parte directamente interesada.

Para la elaboración del acto público se preveen costos notariles, calculados en proporción al valor de la propiedad, además del ITBI (impuesto sobre transmisiones de bienes inmuebles), que varía de municipio a municipio (siempre entre el 2% y 7% del valor declarado) y el registro de impuestos para la transcripción del acto. Es importante señalar también que el artículo 53 de la Ley n° 8.078/90 establece que los contratos de venta, deben permitir el precio de transferencia en moneda nacional. De consecuencia se prohíbe a la conclusión de la venta de propiedades la moneda extranjera. La práctica establece que las partes firmen un contrato preliminar que tiene efectos vinculantes previamente entre las mismas y que resume los numerosos documentos relativos a la venta individual y la propiedad, que primero se debe analizar para garantizar una buena compra.

El contrato preliminar, si está registrado, produce efectos reales, no en el sentido de la transferencia de propiedad, sino en la capacidad de ejercer el derecho de tanteo en caso de traslado forzoso del vendedor, claramente, una vez pagado el precio acordado.

Normalmente, en Brasil es el abogado que presta la asistencia jurídica necesaria en estos casos, siempre que el documento sea preparado por el notario que verifique la identidad de las partes y la legitimidad de los derechos de propiedad del extranjero y que la propiedad, no entre en ninguna medida sobre la existencia de un litigio, las ejecuciones fiscales, tasas y gravámenes, entre otros.

Por otra parte, puede hacer una escritura ante un notario que certifica las firmas y la fecha, pero sin hacer controles sobre el registro o la certificación de los contratos. Este escrito es la única vinculante entre las partes y puede ser contrario a los demás (y no será reportado a la oficina de impuestos), incluso si es posible registrar notas de Documentos para que terceras personas puedan ver. Sin embargo, este modo no garantiza el título.

No hay absolutamente ningún tipo de privacidad. Cualquier persona puede solicitar, sin ninguna justificación particular, los datos asociados con la propiedad de la tierra.

El notario por lo general exige una serie de certificados para proceder a una transacción válida. Para obtener los certificados deberá efectuar algunas comprobaciones. Por lo general, estos controles se realizan a través de la presentación de una copia de la matriz introduciendo el código de impuestos (CPF), el vendedor en un número de sitios del gobierno. A continuación, puede comprobar la situación fiscal de los diversos actores involucrados en el contrato establecido.

El notario (Tabelião) no está obligado a hacer inspecciones, es el vendedor o el comprador que debe presentar los documentos requeridos antes de aceptar el notario para redactar el acto.

A) Controles en el "Registro".

Usted debe pedir al vendedor el número de "matrícula consular" que incluye una descripción y ubicación de la propiedad, los datos del propietario y la historia de los cambios de propiedad. A través de la matrícula se pide en el registro la Certidão Negativa de Onus Reais que confirma la falta de hipotecas y los gastos y las acciones reales.

B) Controles en la Prefeitura (Comuna)

Es necesario determinar de antemano el número de "Inscrição Municipal" de la cual se puede rastrear el piso, la tierra o la casa. A continuación,d eberá solicitar a "Certidão Negativa de tributos Municipais indicando la existencia o no existencia de deudas derivadas de la omisión de IPTU (impuesto como el ICI en Italia). La deuda derivada de la falta de pago de este impuesto se trasladó a sus propietarios anteriores al nuevo propietario. Por tanto, es una deuda real, que sigue a la propiedad.

C) Los controles del vendedor

En cuanto a los documentos que se deben realizar, el vendedor (persona física) deberá presentar la siguiente documentación:

1) Certificado Negativos que deben ser solicitados en el tribunal en relación con las acciones civiles para la ejecución de civiles y familiares;
2) Los certificados negativos petición en un tribunal fiscales;
3) Solicitar certificados negativos en la Corte en relación a las acciones civiles para la bancarrota y acuerdos;
4) Certificado negativo de la justicia del trabajo
5) Certificado negativo con respecto a la actividad criminal;
6) Certificado negativo de la Justicia Federal (penales y demandas civiles - certidão de Ação Civil);

7) Certificado negativo de la Receita Federal (certidão de Execuções Penais y Hacienda);
8) Certificado de protesta en los últimos 10 años en las oficinas de la protesta (certidão de Protestos negativo);

Para el vendedor persona jurídica se requerirá, además de todos los documentos enumerados anteriormente para las personas fisicas, tambièn el certificado negativo del INSS (deudas a la seguridad social), el contrato social y eventualemnete, los documentos relativos a los miembros, tales como " Certidão de Falência e Concordata "," Certidão Negativa de Débito de INSS y Certidão Conjunta de Débitos Relativos a Tributos Federais.
También puede ser necesario realizar comprobaciones adicionales necesarias. Si se está tratando una casa situada en un edificio, asegúrese de que no sea una persona jurídica de Condominio registrado en el Registro y como Convenção do Condominio (Convención de consominio), que regula, junto con el Código Civil y como "Internal Regimiento", los derechos y deberes de los condominios.
También debe asegurarse de que el Administrador emita una declaración en la que todos los gastos de construcción se han pagado al dueño anterior. Es bueno saber que si, por ejemplo, una certidão certifica la presencia de una hipoteca, usted puede también rogitar, pero las palabras aparecerán en el acto, introducido por el notario, quien tiene una hipoteca sobre la propiedad. Por lo tanto los certificados tienen la función de advertir al comprador sobre los posibles riesgos de la transacción.
Por último, para la compra de tierras para la construcción, tenga en cuenta que antes de llegar a la licencia de obras (Alvarà de Construção), se le puede pedir la opinión favorable de los diversos órganos incluyendo los de la HYPHAN (Instituto para la preservación de la histórica brasileña) Municipal de Meio Ambiente (Establecimiento de la Ciudad que protege el medio ambiente), la Estadual Meio Ambiente (entidades estatales que protegen el medio ambiente) el'IBAMA (agencia federal para la protección del medio ambiente).
Es habitual, sin embargo, que el comprador y el vendedor antes

de hacer una buena acción, hagan un preliminar que debe ser incluido en las obligaciones del vendedor para garantizar la transcripción del título, después de haber recibido todo el pago. En este punto, la transacción se utiliza para pagar un depósito, que no se sea demasiado alto para evitar la posibilidad de que la propiedad sea vendida a otros.

También está previsto por la ley local (art.418 cc) que si cualquiera de las partes termina después de la firma de este anticipo será obligado a pagar el importe de la fianza para la otra parte, una doble bonificación.

Asistencia legal

La única tarea que se delega a un abogado, declara que la propiedad tiene una matrícula en el Registro de la Propiedad, y se obtiene una copia y la verificación de determinados certificados.

En la práctica consiste en buscar ayuda legal del 1% al 3% del valor, pero en casos simples, es mejor ponerse de acuerdo previamente la tasa.

Si hay algún problema particular, deberá ser asistido por un abogado y tal vez un inspector y un contador. Sin embargo, no es aconsejable comprar una propiedad con la documentación incompleta o donde existan limitaciones, a menos que la compra sea muy cómoda y se pueda garantizar la legalización de documentos.

Siempre hay que tener la precaución más extrema y entrar en los arrendamientos, estatutos, etc. para evitar molestias.

LA INVERSIÓN EXTRANJERA EN BRASIL

Bajo la ley brasileña, las inversiones extranjeras son consideradas contribuciones en efectivo, los recursos financieros y cualquier bien implantado en el país por personas extranjeras y la producción de bienes o prestación de servicios. Los inversionistas extranjeros pueden ser tanto personas físicas como jurídicas. La inversión extranjera en Brasil puede tomar la apariencia de la inversión directa o indirecta y préstamos internacionales, el financiamiento externo o internacional de arrendamiento financiero.

Las restricciones a la participación de capital extranjero en Brasil

Bajo la Constitución Federal de Brasil, existen áreas donde la inversión extranjera se ve seriamente limitada, en particular:

- Servicios postales y de correo rápido internacionales;
- Los servicios de salud;
- Periodismo;
- Las empresas cercanas a las fronteras internacionales;
- El transporte aéreo de mercancías y el aire de agencias de transporte;
- Las actividades mineras en el sector minero;

- Las entidades de crédito;
- Seguros

Tras la modificación de la Constitución Federal en el 1995 para fomentar la inversión extranjera se abrieron al capital extranjero sectores antes reservados para las empresas brasileñas. En particular:

- Se establece el principio de igualdad de tratamiento entre las empresas con capital nacional y extranjero;
-Se abrió al capital extranjero en las áreas de telecomunicaciones, radiodifusión y televisión;
- Se han hecho más flexibles las normas sobre la participación extranjera en gas y petróleo;
- Se han eliminado las restricciones a la participación extranjera en el ámbito de la navegación costera.

Registro de la inversión extranjera

Existe la obligación de registro de la inversión extranjera en el Banco Central de Brasil (Baceno) de conformidad con el artículo 3 de la Ley 4.131/62 permite rempatrear, cuando sea necesario, el dinero en moneda extranjera.
Según las nuevas disposiciones para el registro de la inversión es suficiente presentar una simple declaración a la Baceno plazo de 30 (treinta) días antes de la llegada de esta inversión en Brasil. La inscripción se realizará en la moneda de origen de la inversión.
Están sujetos al registro obligatorio ante la Baceno también los contratos con los proveedores y prestamistas no residentes en Brasil como la transferencia de tecnología, licencia o cesión de la marca, una explotación de patentes, franquicias, etc.
Los mismos también están sujetos a la inscripción de oficio en Baceno para comprar bienes en el extranjero con más de 360 días los pagos diferidos y otras transacciones de financiación.

El registro es a través de un sistema muy sencillo, a través de Internet, llamado SISBACEN.

Las inversiones de divisas

La inversión extranjera es a través de transferencia directa de la moneda en Brasil. La inscripción es directamente a través del sistema de SISBACEN (arriba).
Este modo de inversión se utiliza para la suscripción e integración de capital de las sociedades constituidas en Brasil con participación extranjera y la compra de acciones de empresas ya establecidas en él.
La inversión se registra en la moneda de origen.

Capitalización de créditos externos

Existe la posibilidad de convertir los créditos obtenidos en el extranjero de inversiones extranjeras (debido a las importaciones, financiamiento, etc ..) Si las operaciones de financiamiento externo han sido registradas en el Banco Central de Brasil, a través de un proceso sencillo, se pueden convertir en inversiones de capital en las empresas brasileñas, que se consideran como inversión extranjera. Sin embargo, si las solicitudes no han sido registradas por el procedimiento de Baceno será realizada para la autorización específica de este último.

Conferimiento de bienes

Este modo de inversión a las importaciones de maquinaria y equipos para la producción de bienes y / o la prestación de servicios en Brasil, incluidas piezas de repuesto y otros componentes.

El modo de registración de este tipo de inversión es similar a la establecida para las inversiones en moneda extranjera.

Dentro de los 30 días a partir de la capitalización de la propiedad debe registrarse la transacción en el Banco Central de Brasil. La operación se considera como una inversión extranjera.

El registro de la inversión será igual a la FOB (extranjera) de los inversores como resultado del proyecto de ley, con exclusión de las cantidades derivadas del seguro y el transporte. Si además la intención de registrar las cantidades abonadas en concepto del seguro y el transporte se requiere una autorización especial del Instituto Brasileño de Seguros.

Contribución de la tecnología

Este modo se refiere a la inversión mediante la transferencia de tecnología, licencia de uso o explotación de patentes y marcas. El registro de la inversión, sin embargo, está sujeto a la aprobación del contrato por parte del Instituto Nacional de Propiedad Industrial (INPI).

El valor del contrato de transferencia de tecnología puede ser fijado libremente por las partes, pero, no obstante, sujeto a los impuestos excesivos INPI.

La ley brasileña no prohibe la transferencia de divisas al extranjero los pagos de cánones relativos a los contratos debidamente registrados en el INPI, si las relaciones entre las partes o de una parte de un grupo económico.

La tasa del impuesto sobre las regalías puede llegar a tocar un pico de 25%.

La transferencia de utilidades al exterior. Los acuerdos internacionales para evitar la doble imposición

No hay restricciones sobre la transferencia de utilidades al exterior. Por otra parte, los beneficios y los dividendos pagados a partir del 1996 no están sujetos a tributación.

Brasil ha firmado acuerdos internacionales para evitar la doble imposición con los siguientes países:

Alemania
Argentina
Austria
Bélgica
Canadá
China
Corea del Sur
Dinamarca
España
Filipinas
Finlandia
Francia
Holanda
Hungría
India
Italia
Japón
Luxemburgo
Noruega
Portugal
Suecia
República Checa
Eslovaquia

Reinversión de beneficios por los inversores extranjeros en Brasil

Los beneficios obtenidos por la inversión extranjera, debidamente y libremente registrados pueden ser reinvertidos en Brasil, tanto en la misma empresa que los distribuye como en otras empresas. Esta reinversión se considerará como inversión extranjera.

La repatriación de la inversión extranjera

La repatriación de las inversiones extranjeras - un registro regular - no está sujeta a restricciones de ningún tipo. Dado que la participación en la sociedad, se puede hacer por la venta de acciones a terceros o a través de la liquidación de la empresa que ha recibido la inversión extranjera.
No hay impuestos previstos para las inversiones repatriadas. El traslado al extranjero se puede hacer en la misma moneda en la que se ha registrado la inversión con el Banco Central de Brasil.

Transferencia al exterior de la inversión en las empresas brasileñas

Las filiales extranjeras en Brasil pueden ser libremente transferidas al extranjero y sin importar el precio pagado por la cesión. Es todavía necesario modificar de inmediato el registro de la inversión en el Banco Central con el fin de legitimar el nuevo inversor extranjero. El procedimiento es simple y sigue una trayectoria similar a la del registro de la inversión inicial para la tecnología de la información (SISBACEN).

COMO INVERTIR

La tendencia actual es comprar sobre el papel para tratar de obtener una mayor apreciación de su propiedad. De hecho, de este modo es como usted puede encontrar los mejores precios y las mejores condiciones de pago. Los fabricantes suelen financiar sus ventas y tratan de atraer a muchos compradores al inicio del proyecto. Además debe tener en cuenta el índice de costos de construcción INCC. No es de extrañar entonces, si una compañía brasileña decide ajustar el precio de venta durante los trabajos. Obviamente este cálculo es de manera explícita en términos de ventas.

El concepto de crédito inmobiliario es muy reciente en Brasil. Hace menos de tres años que los bancos se han dado cuenta de la importancia del crédito inmobiliario brasileño, hasta ahora sólo disponibles para el fabricante-vendedor a tasas muy altas. Los bancos brasileños han hecho compañia al movimiento de crecimiento económico y se dieron cuenta que el préstamo de bienes raíces ayuda a la fidelización de los clientes. Es poco probable el cambio de banco si un cliente está sujeto a un préstamo a medio plazo. El tipo de interés de referencia SELIC [11], que en el 2007 había cerrado en 12,09% y en el 2008 a 12,24%, se estima en el período desde enero del 2009 a mayo del 2009 a 12,06%, confirmando la tendencia estable de los últimos años. Esto es claramente beneficioso, incluso en el crédito inmobiliario, con tasas poco a poco inferiores, incapaces de conseguir más préstamos. De hecho, los fondos para los dos edificios residenciales y para las adquisiciones de abril-marzo 2008-2009 se incrementaron de aproximadamente 45% 12. Sin embargo la inversión debe ser observada y que debe distinguirse de una propiedad para uso personal o destinada a producir ingresos.

Los bienes destinados al uso personal

Para comprar una propiedad para uso personal, con exclusión de las propiedades rurales, sólo es necesario presentar los siguientes documentos:

- El Código Fiscal brasileño (CPF), cuyos detalles se requieren en el sitio www.brasilemilano.it (servicios consulares - Brasil récord ACB nuevo);
- Pasaporte vigente (válido por un mínimo de seis meses) y certificado de nacimiento con la anotación en el margen del nombre de ambos padres, reconocido por la Prefectura y legalizado en el Consulado de Brasil jurisdicción competente y/o otros documentos. Estos documentos deben ser traducidos por un traductor jurado en Brasil;
- El fiscal ad hoc para designar a un abogado residente en Brasil para la recepción de las citaciones.
No hay límites a la adquisición de bienes para uso personal. Los límites están fijados para las zonas rurales (véase la sección en suelo rústico).
Selice 11 - Tipo de interés Selice System (Especial de Liquidaçãoe Custodia) que es el tipo de interés básico que se utiliza como referencia para la política monetaria - divulgado por el Comité de Política Monetaria (COPOM)

www.receita.fazenda.gov.br
12 BCB - Banco Central de Brasil www.bcb.gov.br

Los bienes destinados al uso comercial

En el caso que la compra de la propiedad este sujeta a uso comercial, que se define por el objeto de los estatutos, la constitución y / o adquisición de una compañía brasileña es necesaria con los siguientes documentos:
- El Código Fiscal brasileño (CPF), cuyos detalles se requieren en el sitio www.brasilemilano.it (Servicios Consulares - Brasil récord ACB nuevo);
- Pasaporte vigente (válido por un mínimo de seis meses);
- Certificado de nacimiento con el nombre de ambos padres, reconocido por la Prefectura y legalizado en el Consulado de Brasil jurisdicción competente, el certificado penal general y/o de la espera judicial reconocido por el ministerio público y legalizado en el Consulado de Brasil jurisdicción competente. Entre otras cosas, los documentos antes mencionados deben ser traducidos por un traductor jurado en Brasil;
- El fiscal ad hoc para designar a un abogado residente en Brasil para la recepción de las comillas. La compañía se formó o ya se estableció en Brasil y debe ser registrada como persona jurídica en el organismo competente, "Junta Comercial" y luego entart en el "Catastro Nacional Pessoa Jurídica - CNPJ" contraparte del IVA italiano. Luego se procede a abrir la cuenta bancaria corporativa en un banco en Brasil.

PROPIEDADES RESIDENCIALES: INGRESOS DE ALQUILER

Los ingresos de la renta son generalmente bajos en Brasil. La renta mensual media oscila entre 5% y el 7% del valor de la propiedad. Esto hace que la inversión para el alquiler sin interés si se compara con la inversión en un fondo de ahorro que generalmente hace de Brasil con mayores intereses, manteniendo al mismo tiempo los riesgos y complicaciones que pueden ocurrir con un contrato de arrendamiento. Por lo tanto, no sorprende que, a diferencia de Italia, los brasileños ricos prefieran invertir en vivienda para uso personal. El resultado es que los inversores optan por invertir a largo plazo deben centrarse en la revalorización del capital en lugar de renta de alquiler.

En Brasil el acceso a las hipotecas es más limitado que en Italia, aunque en los últimos años las condiciones económicas favorables y su ajuste al costo del dinero a la mayoría, están presionando a los bancos a extender más fondos, pero muy a menudo los brasileños aún dependen de plazos de pago ampliados ofrecidos por los fabricantes. Estos préstamos, a veces, son más accesibles a los compradores debido a plazos de pago por anticipado durante la construcción lo cual se cubrirá los costos del progreso. Así, en el momento de la entrega, el fabricante ha cubierto los costos y por lo tanto podrá aplazar una parcela de 48 / 60 o más cuotas, el resto de la inversión mediante la aplicación de una tasa de interés razonable. A menudo, el desarrollo de nuevos vendidos rápidamente como el aplazamiento del pago pendiente que atractivo. La financiación bancaria, sin embargo, ahora está creciendo por el efecto de la clase media, mientras que hasta hace poco, además de ser difícil de obtener, tuvieron tasas que determinan la probabilidad costos por intereses que podrían superar el retorno de la inversión. Por este motivo los mismos fabricantes que emiten los planes de financiación garantizan tasas preferenciales y plazos para garantizar al cliente óptimo. En este contexto, en contra de un promotor y un plan serio de financiación óptima, puede obtener buenas ganancias en papel simple con la compra y reventa de la propiedad en el término de la construcción o posterior. En este caso, de acuerdo con el fabricante, puede comprar una propiedad, con descuentos de hasta un 10%, 20%, 30% del permiso de construcción emitido y en función del modo de la negociación, en comparación con el valor real del mercado comercial. Esto asegurará, en primer lugar, la entrada de liquidez al fabricante que haya utilizado el dinero para el avance de los trabajos y un mejor precio para el comprador que se haga cargo de la propiedad. Otra ventaja para el inversor, podría ser el aumento del valor añadido resultante de la revalorización de la propiedad con el tiempo.

Ejemplos de proyectos:

Proyecto de Viviendas
- Las ventas del mercado: corte mínimo nacional de 500 metros cuadrados de tierras
- Creación de índices: 80%
- Construcción Tipo de construcción: de 10-20 pisos
- Legal: la incorporación de la vertical con fines residenciales
- Superficie: un fuerte crecimiento en el Estado de São Paulo, Goiás, Minas Gerais

Proyecto de residencia de vacaciones
- Mercado: nivel europeo y nacional con el corte de tierra: un mínimo de 10.000 kilómetros cuadrados
- Indice de construcciòn: 30-40%
- Casas Tipo de construcción: "plana", chalets, villas
- Legal: la incorporación de condominio horizontal o en el hotel
- Superficie: el desarrollo de estados superiores de Rio Grande do Norte, Bahía, Alagoas, Ceará, y en general en el noreste de Brasil. El estado de Bahía, hasta la fecha más de 25.000 edificios

o de terrenos inscritos a nombre de personas extranjeras, además de añadir las empresas brasileñas de capital extranjero.

COMERCIO DE LA PROPIEDAD: INGRESOS DE ALQUILER

Para los inversores interesados en una renta de alquiler, la propiedad comercial en Brasil parece ser una inversión atractiva. Normalmente los alquileres pueden ir desde 0,7% al 1% de un mes y se utiliza para ajustar los contratos de cada año para reflejar la inflación.

menudo E 'hacer contratos a los inquilinos como los bancos y las tiendas ya que las propiedades adecuadas se pueden comprar en Brasil con una inversión relativamente baja. En este sentido algunos de los mayores fondos de inversión en todo el mundo han comenzado a invertir fuertemente en los centros comerciales en los últimos años, y la demanda está creciendo.

Además, dado que la tendencia de las tasas de interés se reduce, esto probablemente causará más y más inversionistas brasileños para verter sus ahorros en bienes raíces con el consiguiente aumento de los precios en los próximos años en beneficio de aquellos que invierten en este momento.

Incluso para las propiedades comerciales es la misma sugerencia de invertir en las regiones más ricas en el sur de Brasil, donde màs se concentran la economía y el poder adquisitivo del país. No subestime, sin embargo, el crecimiento tímido pero constante de la demanda de este tipo de compra en la macro-región del noreste.

TIERRAS

Una tierra grande necesita más tiempo para ser vendida más que una pequeño, por lo general es más barata y, a veces, si es respaldada por profesionales competentes, se adapta mejor al proceso de adjudicación.

Los terratenientes y los fabricantes en Brasil piensan en términos de costo (se debe considerar, incluso con los altos tipos de interés, un único negocio que genera un rendimiento del 30% - 50% anual).

Dada la distribución desigual de los ingresos, poca gente es capaz de comprar grandes extensiones de tierra, mientras que por el contrario hay muchos potenciales compradores de terrenos pequeños.

Por ejemplo, puede ser muy interesante comprar una parcela de 100.000 metros cuadrados, se divide en varios lotes que predisponen a la infraestructura primaria y luego se venden y se evalúan las necesidades del mercado en tamaño y tipo de solicitud.

Hay de considerar que estas operaciones logran no sólo los intereses que cubren la inflación, sino que también ofrecen un ingreso atractivo.

La compra de tierras grandes por extranjeros con el fin de vender lotes no está bien considerada por la legislación brasileña que reconoce este tipo de operación pura especulación, sin un plan de crecimiento para el país. En muchos Estados esta forma jurídica de la propiedad social no está permitido, lo que obliga al agricultor a dar a la infraestructura terrestre.

En pasado ocurrieron muchas subdivisiones vendidas

principalmente a los extranjeros a un costo muy bajo, donde las tierras agrícolas divididas en lotes y sin ningún tipo de urbanización se distribuyeron con la promesa de construcción de estaciones de esquí, piscinas y más sin lograr nada en realidad.

La conversión de tierra agrícola a residencial no es posible, pero requiere la intervención de profesionales capacitados que pueden mediar tanto con las leyes municipales como con las del Estado o incluso federales. En algunos casos tendrá que pedir a las instituciones que tengan experiencia en esas áreas específicas tales como la Secretaría de Ambiente Meio (Departamento del Medio Ambiente) o el IPHAN (Instituto de Patrimonio Histórico).

Cuando usted compra un pedazo de tierra no sólo deben ser informados sobre el plan municipal, sino también en el nivel de clasificación de la zona urbana, donde usted está comprando desde el punto de vista medioambiental e histórico. Descubierta después de la compra de estar en una zona como la APA (Área de preservación del medio ambiente) se pueden establecer límites para el proyecto. No hay ningún documento que incorpora todos estos criterios, usted debe estar presente en cada una de las oficinas pertinentes, con la premisa de que a menudo hay diferencias entre las regulaciones municipales, estatales y del medio ambiente histórico. Hay que tener en cuenta que domina la institución más cercana al gobierno federal y no local.

Las carreteras de acceso y el acceso

Cuando usted compra un pedazo de tierra debe ser controlado y tener acceso, toda la servidumbre y los derechos de terceros, a menudo, deben pasar a través de la propiedad. En este caso, usted debe asegurarse que el acceso en el futuro siga siendo garantizad. Mejor aún si usted viene a constituir un derecho de paso sobre los años ("Servidão"), haciendo de esta ley permanente.

ISLAS PARA COMPRAR O PLAYAS PRIVADAS

Las playas, ríos y zonas marítimas en el Brasil se consideran propiedad del Estado y por lo tanto no pueden ser de propiedad privada. De hecho, usted puede tener una concesión para usar una playa ("zonas marinas") o una isla por parte de la autoridad estatal brasileña (SPU), pagando una cuota anual ("agujero") y ciertas tasas (laudemio) cuando cambios de propiedad. La playa sigue siendo pública en la definición.

Incluso si usted paga el premio, la posibilidad de construir debe ser verificada con las leyes federales en primer lugar, a continuación, estatales y finalmente locales. Puede ocurrir, en efecto, que las autorizaciones emitidas por la municipalidad donde se encuentra la propiedad esèen en contradicción con las leyes estatales de ese lugar. En este caso, puede suceder que uno empieza a construir y entonces el trabajo queda bloqueado a la espera de evaluar la legalidad de la intervención.

LA "ZONA MARINHO" O 33 METROS DE LA PLAYA

En las playas, los primeros 30 + 3 metros desde la línea más alta marea alta a la costa, legalmente pertenece al estado brasileño. De hecho, no se puede construir más allá de este límite físico. Es también importante saber las reglas locales sobre la distancia para mantener las reglas municipales y variar la distancia de 33 metros a 60 o incluso más.

Teniendo en cuenta lo que se podrían construir piscinas y otras instalaciones turísticas o zonas de las llamadas "lazer" o de entretenimiento o un área pública, pero no a la naturaleza privada. También están claramente definidos y sin ambigüedades el tipo y las que deberían ser utilizados para la construcción. Es esencial que la propiedad puedaa ser inscrita en el título de propiedad de la tierra.

En teoría, los extranjeros no pueden obtener el uso de las zonas marinas, pero la prohibición puede ser superada ya que este derecho pertenece a todas las empresas en lugar de Brasil, aunque el capital sea extranjero. Una empresa brasileña puede haber negociado los derechos y en la playa.

En algunas ciudades se han construido casas en el área de propiedad. Técnicamente no está prohibido, pero nadie puede ser dueño de la tierra donde se construyen, entonces cualquier evidencia de la propiedad de las viviendas debe ser cuidadosamente considerada y la compra de estas propiedades es siempre un elemento de riesgo.

En el caso de la propiedad urbana, las únicas restricciones para los extranjeros, creada por Decreto Ley N° 9.760/46, figura pulg 205, que prohíbe la compra de terrenos o inmuebles situados dentro del rango de cientos de metros a lo largo de la costa del mar 17 menos que sea autorizado en el acto de adquisición por el Presidente o el Ministro de Hacienda. Esta restricción no se aplica en la compra de una unidad independiente en un condominio en un edificio de apartamentos situado en el terreno de la Armada, que se rige por las normas de la Ley 4.591/64.

TIERRAS URBANAS

Cada ciudad tiene un plan (Plano Diretor) que define los diferentes usos previstos de cada zona: residencial, comercial, industrial y agrícola.
Dentro de estas áreas, por lo general, el plan define la parcela mínima y, obviamente, si usted compra una gran unidade de tierra se puede dividir y conseguir que respete el tamaño mínimo.
El plan especifica el tipo de zona, el porcentaje de tierras que puede ser ocupada con edificios (a menudo varían de 30% al 50% del drenaje de la superficie), la altura y el número máximo de plantas que se puede lograr. Generalmente considerado como piscinas e instalaciones se calculan en el espacio móvil edificable. La construcción de bodegas subterráneas no es muy común fuera de los centros urbanos y con frecuencia no reguladas.
En Brasil es común la construcción de pequeñas torres de recolección de agua de tanque con capacidad de entre 500 y 1000 litros situadas a unos diez metros para asegurar la presión del agua. Estos por lo general no entran en el recuento de metros construidos.
En algunos casos hay un porcentaje de la "permeabilidad" que está drenando a ser desalojado de la acera para permitir que el agua de lluvia se filtre en el suelo permitiendo el ciclo natural.

TIERRAS RURALES

Si la tierra, por definición, no se encuentra entre esas para el desarrollo urbano puede ser considerada como reserva agrícola o protegida. Si el paquete es bastante grande, por lo general alrededor de 2 módulos, pueden ser consideradas como una unidad agraria independiente con la capacidad de construir una granja.

Dado que los residentes tienen derecho a poseer una propiedad rural, un extranjero debe necesariamente crear una empresa brasileña que posee la propiedad o ya sea residente en Brasil.

De hecho, está prohibido la compra de las zonas que se definen como zonas rurales por personas físicas extranjeras no residentes en Brasil, de conformidad con la Ley N° 5709/71, excepto en el caso de la sucesión legítima. El residente extranjero en Brasil también no puede comprar más que el equivalente de 50 módulos de la tierra, homóloga a la medición de hectáreas, pero variable en función de la extensión del Estado y los municipios donde se ubican. Las empresas brasileñas, con participación mayoritaria de capital extranjero, pueden tener restricciones en la compra y debe ser aprobada por el Ministerio de Agricultura y el Departamento de Comercio e Industria de Brasil, según el caso. El Presidente de la República, concede el amparo de esta excepción a proyectos relacionados con el interés del desarrollo nacional.

COMPRA DE TERRENOS PARA CASAS SEN TITULO

La única manera de estar seguros de que la propiedad se adquiere de alguna manera, va acompañada por su título y está registrada en la autoridad de registro de la propiedad. Puede ocurrir, en efecto, que el derecho de propiedad sea divergente de la del título.

Así que si realmente desea comprar una propiedad que no tiene título o regulación de la transcripción es necesario recurrir a un abogado capaz de verificar y rastrear los pasos de la propiedad y de posesión en los últimos 15 años, así como proporcionar los impuestos, los ingresos y utilidades pagadas.

Todo debe ser comprobado por las autoridades y también con los vecinos para ver si surge alguna controversia en curso. Al igual que en Italia, pero de diferentes maneras, el Código Civil brasileño (art. 1238) establece que "el que sostiene de forma continua, sin oposición, una propiedad durante 15 años, adquiere la propiedad, cualquiera sea su capacidad y buena fe". Una vez comprado el terreno, es importante reiterar la valla de inmediato tomó posesión de la propiedad (por eso muchos brasileños realizan un cercado de sus tierras). Con el abogado regularizar la situación mediante el uso de dell'usucapione herramienta "usucapião. Al final de todo el proceso será posible el registro de la propiedad a su nombre.

Squatters

Como sucede una vez en Europa y EE.UU., la tierra no utilizada por alguien en una manera productiva puede ser alegada por las personas que viven allí de forma permanente y cultivado ellos mismos.

En algunos casos, grandes tierras permanecieron abandonadas durante muchos años por los agriculturos y han sido ocupadas por personas sin hogar que con el tiempo han adquirido el derecho legal. Incluso si no tienen la plena propiedad garantizada por un título adquirido el derecho de uso del suelo que es el derecho de "pandilla". Por esta razón el uso de los terratenientes brasileños que un seguimiento regular de la presencia de no deseados y las ocupaban antes de que su empleo se conviertiera en permanente con la adquisición de la tenencia. Como comprador, usted debe asegurarse de que la propiedad no tenga posesores que viven allí y que todo aquel que se encuentre sea claramente de un empleado del propietario.

MEDIO AMBIENTE - MEDIO AMBIENTE ÁREAS PROTEGIDAS (APA)

Además de las leyes normales de la planificación y el saneamiento deben prestar atención a las cuestiones ambientales y reglamentos en virtud de ellos.

Muchas zonas costeras protegidas, como en el caso de la APA o "Zona de Proteção Ambiental. áreas APA tienen reglas adicionales sobre el uso de la tierra, los lotes mínimos, el porcentaje de empleo y el desarrollo están regulados por agencias estatales y federales, como el IBAMA 18 cuyos poderes están separados de los de las autoridades municipales. En general, estas áreas han sido establecidas para proteger los ecosistemas raros, la flora y fauna en peligro de extinción.

Dos ejemplos típicos son las áreas de "Mangue" y la "Mata Atlántica".

El mangue a menudo en las zonas de manglares, lo que no puede ser interesante.

El "Mata Atlántica" es el bosque original una vez se extendiera y reducido ahora.

A continuación, debe comprobar el tipo de vegetación y los organismos que puede permitir las distintas intervenciones.

PRECIOS DE LA TIERRA EN BRASIL

La extensión de Brasil es enorme: 8549.665 kilómetros cuadrados. Comparable a la de los Estados Unidos sin Alaska, 28 veces Italia, con unos 7300 km de costa. Esto hace una la idea de la cantidad de tierra disponible, muchas de las cuales se utilizan con fines agrícolos. En general, aparte de la zona costera, los suelos son evaluadas de acuerdo a su potencial agrícolo.

Las tierras agrícolas y no "productivas", como los bosques protegidos donde nadie puede construir o cultivar, tienen precios realmente baratos. A diferencia del caso de las zonas costeras, donde los precios son mucho más caras pero proporcionan una fuente de ingresos.

Aún debe tener en cuenta algunos factores antes de tomar una propiedad de inversión en las zonas costeras:

1) La proximidad a un aeropuerto internacional - con una serie de vuelos regulares y chárter y una distancia máxima de la esfera de las inversiones de 1-2 horas en coche).

2) acceso a una carretera buena y una buena infraestructura - que incluye electricidad, agua, teléfono, recogida de residuos y, especialmente, la posibilidad de nuevos acontecimientos en los próximos años)

3) Una hermosa naturaleza no contaminada - preferiblemente con exóticas playas y oportunidades para hacer caminatas. Las barreras naturales como montañas y ríos a menudo hacen una zona menos atractiva para el desarrollo económico mientras que lo contrario puede ser la más lujosa.

4) Tiendas, restaurantes, eventos culturales, deportivos, atención médica - lo suficiente de estas atracciones puede garantizar que los turistas regresen varias veces al mismo lugar o que algunos se establezcan en manera casi permanente ayudando a subir los precios.

5) <u>La falta de construcciones populares</u> - algunos lugares poseen una urbanización descontrolada y una mala calidad que influye en el atractivo de las inversiones. Las zonas de reserva de la urbanización indiscreta, sin duda, da más posibilidades de desarrollo y perfeccionamiento.

A continuación, aplicar estos criterios a Brasil es fácil darse cuenta, que toda la demanda externa e interna se centrará en unas tiras de playa. Los precios de las tierras costeras, en algunos casos se han triplicado en los últimos años. Aunque estamos lejos de los precios del famoso complejo turístico tropical, el mercado en estas áreas está creciendo más y más. En la costa se determina el precio de la tierra, en gran parte, por la exposición en la playa y se utiliza para expresar el precio por metro. Los precios pueden variar mucho según la ubicación: menos de $ 1,000 USD por metro cuadrado en las zonas sin explotar hasta 15.000 $ de dólares en las más prestigiosas (pero puede haber un montón de construcciones en las playas populares que pueden ser tan altas como 1000. $ 000 USD).
Estos precios incluyen generalmente varios metros hacia el interno, porque, cuando usted compra un pedazo de tierra frente a las profundidades del océano no afecta mucho en el precio (por ejemplo, si usted compra 300 o 3.000 metros de tierra interna los cambios de precios son del 10-20%) pero ser capaz de disfrutar de la praia "Frente. A veces en la misma área de 100 acres con menos de 200 metros en la playa puede ser un valor inferior a 10 hectáreas con 300 metros de playa.

CONSTRUCCIÓN DE VIVIENDAS

Los costos de construcción son generalmente muy bajos y el mercado es una gran oferta de viviendas asequibles es relativamente bajo, mientras que la oferta de viviendas con un alto estándar es para satisfacer a una clientela internacional y/o indigentes nacionales.

Las últimas estadísticas oficiales en la variación mensual en el mes de abril del 2009 la Cámara Brasileña de Industria de la Construcción - CBIC, da un precio promedio de R $ 15 Cub / m². 803,81 a nivel nacional, con variaciones que van desde un mínimo de R $ / m². 746,83 en la macrorregión del Noreste hasta R $ / m². 833,03 en la macro región del Sudeste siempre en el mismo período. El impacto de estos precios puede variar por el tipo de acabados y estructuras que son utilizadas por elevar el crecimiento de hasta un 25%.

Fabricantes brasileños tienden a construir casas para familias en las que tal vez varias generaciones vivan bajo un mismo techo, y muchas pequeñas habitaciones y cuartos de baño a veces prestan poca atención a los detalles interiores y exteriores. Esto significa que la gente puede construir y mantener los precios pero haciendo pisos de alto estándar, usted puede hacer un buen negocio. Para un comprador europeo promedio, 1.250 € / m² parece ser una cantidad aceptable. Es evidente que la construcción supervisone requiere una presencia constante en el sitio, a continuación, esta "estrategia" se recomienda a aquellos que deseen y puedan seguir personalmente la evolución del trabajo.

¿Qué comprar? ¿NORTE O SUR?

Las megaciudades como Sao Paulo, Río de Janeiro y Belo Horizonte concentran la mayor parte del poder económico y atraen una inversión considerable federali.Questo significa que la mayoría del poder de compra se encuentra en el Sur, por lo tanto, si nos volvemos a un mercado de clase media y alta deben pensar en invertir relativamente cerca de ellos.

No es sorprendente que la mayoría de los destinos turísticos más antiguos y más establecidos como el Buzios, Angra dos Reis, Paraty, se encuentren en Costa Verde entre Río y São Paulo desarrollados y caracterizados por ser relativamente caros, mientras que la infraestructura es bastante vieja. Sin embargo, en términos de crecimiento y desarrollo del turismo enn Salvador, capital del estado de Bahía, mientras que pertenece al noreste es el tercer destino turístico.

Salvador tiene un moderno aeropuerto internacional, una ferviente vida cultural, un patrimonio histórico contando algunos de los centros más prestigiosos de Brasil, tales como Marriott, Holiday Inn, Sofitel, Club Mediterranee y la Estrella de la Ibero. Estos grupos con su poder de comercialización proporcionan una gran atracción considerable para la zona. También las conexiones con Europa son relativamente satisfactorias. Más al norte los estados son menos desarrollados y por lo tanto los precios son más bajos, con algunas excepciones como Natal donde son generalmente más caros que en El Salvador.

Corea del Norte parece ser más susceptible a la inversión extranjera, pese a tener menos infraestructuras, ofrece buenas oportunidades gracias a sus playas y su turismo internacional.

Otras ciudades, sin embargo, están en desarrollo en términos de turismo y de inversión inmobiliaria. Interesantes son las áreas incluidas en el Estado de Ceará, en Fortaleza con la capital y sus alrededores como das Dunas Portos y su parque playa, Prainha, Cumbuco de Kite surf, así como el estado con la capital de Alagoas Maceió.

Además del Nordeste, el Norte con el Amazonas, ofrece amplias oportunidades para el desarrollo futuro, ya que si bien los precios de las propiedades son más bajos que en el sur de Brasil, tuvieron tasas de crecimiento más altas debido a la belleza exótica de sus áreas naturales.

¿CENTRO RESIDENCIALES O PARA EL TURISMO?

El Norte tiene menos servicios para las transferencias permanentes, debido a las deficientes infraestructuras. La ciudad aprobó con una mayor calidad de vida era de hecho en repetidas ocasiones Florianópolis en el sur.

Así que el centro es el turismo. Apartamentos adecuados para la estancia temporal del turismo son los preferidos, capaces de asegurar un alto nivel de servicios y seguridad.

En las infraestructuras del Sur el estilo de vida es mucho más cercano a las normas internacionales y europeas, incluso para los altos niveles de migración de Europa en el siglo XXI. La calidad del desarrollo en general y aumenta la calidad de vida que atrae a más y más extranjeros y brasileños que quieran residir.

Inversiones inmobiliares de no residentes en Brasil, anno 2007 NACION	Migliaia di US$	Porcentaje %
1 Estados Unidos	102.722	16

2 Espana	82.852	13
3 Italia	63.588	10
4 Suiza	57.872	9
5 Reino Unido	54.761	8
6 Portugal	52.641	8
7 Alemania	50.207	8
8 Noruega	32.481	5
9 Francia	22.182	3
10 Holanda	16.016	2
11 Luxemburgo	15.458	2
12 Japòn	12.250	2
13 Belgica	6.853	1
14 Angola	6.361	1
15 Suecia	6.062	1
16 Canadà	5.739	1
17 Uruguay	5.569	1
18 Otros	52.843	9
Total	646.457	100

TIPOS DE INMUEBLES

Para los que quieren una propiedad de inversión en Brasil las mejores oportunidades son los nuevos proyectos residenciales en construcción o apartamentos en contextos de alto nivel. Para que una inversión pueda tener éxito en Brasil es fundamental buscar la "calidad". La economía brasileña es una economía emergente con alto potencial, pero estructuralmente diferente a la de Europa con una fuerte diferencia en la distribución de la riqueza y una diversa concepción del mercado inmobiliario.
Hay una clase media y media alta que está empezando a crecer y en esta fase histórica es el verdadero motor de la economía brasileña. Cuando usted invierte en una casa hay que pensar con

la mentalldad de los brasileños ricos que pueden permitirse comprar lo que quieren. No importa si la inversión es alta en el tiempo, y volver a evaluar porque usted siempre tendrá un mercado.

Opciones para los inversores "activos" o "pasivos"

Horizonte a corto plazo (1-3 años): apartamentos o villas, de preferencia en la construcción y establecimiento de lujo.

Horizonte a medio plazo (3-5 años): la tierra en zonas de fuerte auge de la vivienda preferiblemente con vista al mar, bienes raíces comerciales (posadas, tiendas).

Horizonte a largo plazo (años 5-10): la tierra en zonas adyacentes a las áreas de expansión del edificio actual.

Para los inversores "activos" la mayor ventaja deriva del valor de la tierra en lugar de la construcción directa o la inversión. El proceso de adquisición de tierras sólo requiere un pequeño equipo: un arquitecto, un agrimensor, un abogado y un poco de supervisión, mientras que se necesita mucho tiempo y la presencia constante para construir.
Inversionistas pasivos pueden optar por "inversiones bancarias de la tierra en bienes raíces comerciales y joint ventures". "Tierra bancario" significa comprar un pedazo de terreno situado en una zona de expansión futura. Buena opción para aquellos que han optado por una inversión a medio plazo, siempre que la elección de la tierra haya sido prudente. Por lo tanto es importante elegir tierras cubiertas por la infraestructura existente o futura.
Interesante es el análisis de todo el campo de la construcción civil y la composición de la cadena de producción que se pueden resaltar los puntos interesantes sobre la evaluación de las inversiones inmobiliarias y la construcción civil en general.

COMO HACER UNA GRAN INVERSIÓN EN BRASIL

Para hacer grandes inversiones en el informe de Brasil por debajo de las consideraciones que surjan directamente de nuestras décadas de experiencia en el sitio:

1. Conoce super-barato de la tierra que parecen 'muy barato' suele ser una señal de que es una buena inversión. Si los precios son muy bajos en Brasil, probablemente porque el terreno está ubicado en medio de la nada. Una propiedad casi aislada no es y nunca será una buena inversión. Sabemos que Brasil es un país enorme y tiene así 7.400 kilometros de costa, es probable que la mayoría de la tierra sea aislada. ¿Dónde está la tienda más cercana, bar, restaurante? Si usted puede contestar a estas preguntas a medida que se puede esperar vender su propiedad?

Una buena regla a seguir es que si los brasileños han comprado en el área, entonces es una buena señal, porque esta es una nación con el sabor famosos. Las propiedades populares con los reglamentos de urbanismo que restringir a un imprudente son la opción más viable, ya sea o no en el paseo marítimo, sobre todo si hay muchas actividades locales para atraer y ocupar los turistas.
Durante la búsqueda de una buena inversión inmobiliaria en Brasil es importante, si no ubicación en el centro.
Muchos fabricantes, así como muchas empresas del sector

inmobiliario (algunos conscientemente, aunque la mayoría sin saberlo) tienen publicidad muy engañosa acerca de sus productos, la información engañosa más común es:

- La distancia de la propiedad del centro de la ciudad es de una hora, mientras que en verdad es al menos de 2 horas.
- La propiedad está situada a pocos pasos de la playa, cuando en realidad la distancia a la playa es de 2 km.
- Nuestro equipo de abogados llevó a cabo una revisión rigurosa de la documentación, pero a menudo simplemente significa solo que los propietarios pueden legalmente vender la propiedad, que es diferente de certificar que no existen hipotecas, las restricciones a cualquier desarrollo por la prefectura y/o el gobierno del estado y/o los organismos de preservación del medio ambiente, etc ...

2. Uno de los productos inmobiliarios que necesitan más atención en Brasil, que también se encuentran entre los más comunes, son los ofrecidos por empleadores que compran la tierra a muy bajo precio. Por lo general, porque son muy baratos, se encuentran a miles de distancia de cualquier infraestructura.
Los desarrolladores y constructores también pueden comprar estas vastas zonas por R $ 2 por metro cuadrado, después de dividir el área a través de un acuerdo de "desarrollo" en pequeñas cantidades, por lo general 450 m2 (lo suficientemente grande como para construir una buena casa). Entonces venden cientos de estos pequeños lotes de dibujo a enormes ganancias con precios por metro cuadrado justo por debajo de muchos de los lotes ubicados en las zonas populares mucho más cerca de la ciudad. El contratista/fabricante para cambiar también de lujo, lo que demuestra que muchos construyen su propia infraestructura en el "parcelado" con las carreteras y alumbrado público, un hotel y/o un centro de ocio con tiendas, etc ... para convencerle de que esta es una buena inversión ... En el único de Río Grande Do Norte, por ejemplo, hay más o menos 15 mega-proyectos con campos de golf "hipotéticos" a lo largo de la costa, "hipotéticos" como lo son ahora a casi 10 años ya que sólo existen en papel ...

La base para hacer una buena inversión es simplemente cerrada la oferta y la demanda para que podamos estar en la zona que nos interesa. Un centenar o más lotes cuando los precios son aparentemente atractivos se venden en el medio de la nada y nunca han sido una sabia inversión.

3. Usted que nunca ha estado en Brasil o nunca ha invertido en este paìs elige su agencia de bienes raíces que simplemente regurgitar una mezcla de la publicidad del fabricante, así como mapas e imágenes de Wikipedia y Google Earth. Tenga mucho cuidado al respecto. Muchas compañías de ultramar, o que no residan o tengan una filial en Brasil, hacen agradables y brillantes discursos de venta virtual para atraer clientes. Pero la mayoría nunca ha puesto un pie en Brasil y desde luego no tienen la oferta de bienes o productos reales, simplemente la vuelta a la información que reciben. Es mucho mejor para encontrar un agente de bienes raíces y/o agente de bienes hacerlo en el lugar donde se encuentran a fin de verificar personalmente la información anterior y tener una retroalimentación crítica y veraz sobre la ubicación de la propiedad. Su agente de bienes raíces está ahí para asesoramiento, orientación y dar información detallada y debería tener un conocimiento profundo del producto. Usted tiene el derecho de inspeccionar toda la información relativa a una propiedad como las licencias, los contratos, la zonificación, etc ... y si hay algún problema en la documentación.

4. Un mega-proyecto de apartamentos y villas con numerosas piscinas en cada área de piso, bares, zonas de entretenimiento, helipuerto privado, marina privada, etc ... todo en una playa de arena blanca y cristalina y llena de palmeras es una buena opción para su inversión en Brasil? En nuestra humilde opinión no. Desde que comenzamos en 2001, hemos analizado y visto muchos de estos mega-proyectos residenciales en el noreste de Brasil, muchos de estos (la mayoría son realizados por los fabricantes extranjeros y/o empresas mixtas con capital extranjero y Brasil) todavía no han sido implementados y completados hasta la fecha y algunos nunca se han empezado a construir. Algunos proyectos también se habían 100% de su producto mediante la recopilación de los depósitos "de los

compradores, pero con años y años de atraso en la entrega programada y quien sabe si algún día llegarán ...

Es claro ver que muchos de estos empresarios y fabricantes extranjeros han estimado totalmente bajo lo que puede ser un largo y difícil proceso para obtener todas las licencias necesarias en la burocracia de Brasil. Obtener el permiso de construcción de la prefectura es una cosa, por lo general es después de la primera licencia que muchos fabricantes están empezando a vender, un procedimiento que la ley brasileña no se podía hacer, pero siendo sólo un "pago inicial" sobre el derecho a comprar el mejor La mayoría del tiempo fuera de la industria brasileña puede pasar por alto esta ley de Brasil. Otra cosa es, sin embargo, tener éxito en la obtención de todos los diversos permisos ambientales que pueden durar varios años y en el mejor de los casos pueden imponer distorsiones significativas al inicio del proyecto inicial antes de su concesión. Más grandes y lujosos son los proyectos que se llevarán a cabo es más difícil tener éxito en la obtención de todos los permisos ambientales. Brasil es muy difícil en cualquier edificio que se construirá a lo largo de su costa y el fondo es con razón. Hay dos consideraciones principales para hacer la hora de considerar la compra de una propiedad en una residencia mega-turística:

(I), de Brasil podría comprar un apartamento o villa en este complejo?, Y sobre todo un brasileño le gustaría vivir en un centro turístico frecuentado por los extranjeros solamente. El motivo de esta reflexión surge del hecho de que afecten únicamente a vender su propiedad a un público extranjero es muy difícil, mientras que los compradores extranjeros representan sólo el 3% del mercado de la vivienda. Obviamente es mejor vender y/o alquilar en un mercado que puede atraer al 100% de los compradores potenciales, tanto el mercado brasileño interno y externo es representado por los extranjeros.

(II) Y una vez más, lo más fácil es evaluar la oferta y la

demanda. Tener un número considerable de propiedades en venta dentro del mismo proyecto no es una buena señal para hacer una inversión. Esto es lo que generalmente ocurre en un mega proyecto turístico-residencial de más de 400-500 unidades apuntando principalmente a un público extranjero.

4. Si usted esta orientado a adquirir una propiedad sobre plano (en papel), sin duda, un proyecto residencial pequeño es preferible a un gran proyecto turístico residencial de más de 400-500 unidades. Una vez más, sin embargo, debe tener mucho cuidado, porque si por un lado es incapaz de satisfacer el precio de compra menos, por el otro también es cierto que usted está comprando una propiedad aún por construirse.

Imágenes de los proyectos vendidos sobre plano (la prestación famosos) pueden ser engañosas, el producto terminado se verá exactamente igual que la promoción de las bellas imágenes en la computadora? Usted sabe las especificaciones de los materiales estándar que se utilizarán? El fabricante tiene un buen curriculum vitae de proyectos ya realizados? Y otras preguntas de sentido común son más importantes en la evaluación de un proyecto limitado a admirar bellas imágenes en el renderizado. Si usted decide comprar una propiedad en papel (sobre plano), es esencial contar con un abogado independiente que llevó a cabo las prácticas de compra en el mismo Estado donde se encuentra la propiedad que está comprando. Marca:

A) las fechas y el pasaje de la compra o la fecha en que la propiedad será registrada a su nombre, tal como se muestran claramente en el contrato de compra y todos los detalles sobre los materiales empleados para la construcción.

B) Los acuerdos de compra deberán registrarse en Inglés (o en su lengua materna, por lo que se puede comprender cada palabra) y en portugués. IMPORTANTE: Se requiere que un contrato se transcriba en portugués para que pueda ser públicamente inscripto en el Registro de la Propiedad Real de Brasil, asegúrese de que el contrato sea firmado por el fabricante y que proporcione una copia en portugués, si en vez ofrece un contrato sólo en su lengua materna, así no tienen un estatuto oficial en territorio brasileño, probablemente existen muchas trampas.

Los apartamentos se venden en papel (sobre plano) son más caros que un similar 20% ya alcanzado? En nuestra opinión como una propiedad para la venta fuera del plan debe costar por lo menos un 20% menos de una propiedad con las mismas características ya construida, debido a los factores de riesgo de los datos que aún no existen y al hecho de que no se puede residir inmediatamente u obtener una renta de alquiler durante varios años antes de que se realice. Sin embargo, es bastante común toparse con proyectos en venta en papel (sobre plano), dirigidos casi exclusivamente a los compradores extranjeros a un precio mayor que el 20% de propiedades similares, pero ya construidas.

Y luego está la famosa "garantía de alquiler". ¿Será un negocio comprar una propiedad con un alquiler de "pensión garantizada", vale la pena? ¿Es s un alquiler garantizado bruto o neto de los gastos por servicios, honorarios y facturas de la agencia de alquiler? ¿Por cuánto tiempo son garantizados contractualmente los ingresos de la renta? ¿Cuàndo se puede tomar ventaja de su propiedad? ¿Seguro que una renta vitalicia de "alquiler garantizado" no es efectiva "garantizada" por sí misma por haber pagado un precio de compra artificialmente inflado? Cuidado con ...

Lea detenidamente los contratos que proporcionan una renta "garantizado de la renta y hacer su investigación a fondo. Es siempre es mejor invertir en una zona con un mercado activo en el alquiler con excelentes instalaciones para atraer turistas, después de lo cual usted siempre tendrá una buena oportunidad de alquilar su propiedad, independientemente de si el contrato se concede o no.

HIPOTECA

En este momento el mercado hipotecario en Brasil para los clientes "residenciales" es aún pequeño, pero creciente. Durante mucho tiempo, la combinación de altas tasas de interés y la inflación, además de las leyes complicadas para los bancos y se divide la expropiación de la propiedad, ha significado que los préstamos financiados, como los de la Econômica "la Caixa" no más del 1% del mercado de la vivienda entera, que identifica una anomalía respecto a la escena internacional.

Sin embargo, gracias a nuevas leyes y nuevos programas federales, como el llamado "Minha Casa Minha Vida" 13 puesto en marcha en marzo del 2009 que tiene como objetivo construir 1 millón de viviendas para personas con ingresos certificados de hasta 10 salarios mínimos, es el de un auge potencial en el mercado de la vivienda también se dirigió a la creciente clase media se está haciendo, un aumento de los préstamos de desembolso 14.

Cualquier persona interesada en esta oportunidad y este tipo de mercado, siempre de acuerdo con los municipios y Estados, debe invertir principalmente en "el sudeste de Brasil, donde se construirán en el marco del programa nacional 363.984 hogares el equivalente al 36,4% de la demanda, o en el nordeste, donde siempre a tiempo, se prevé la construcción de 343.197 viviendas equivalentes al 34,3% de las necesidades nazionales. Ademàs hay áreas de interés, tales como São Paulo, Florianópolis, Camboriu Balneário Estado de Santa Catarina o en el noreste en las capitales estatales como Fortaleza, Natal, Maceió y Salvador estamos viendo el surgimiento de un poder adquisitivo cada vez más relacionado a la creciente clase media.

A los inversores les preocupa que más la revalorización del

capital a los ingresos, puede referirse a la compra de terrenos para la construcción de villas y condominios están previstos en las zonas donde las obras de infraestructura. A este respecto se recuerda que en el 2014 Brasil participará como país anfitrión de la Copa del Mundo, con todo lo que ello implica en términos de infraestructura y planificación de reurbanización. Estos lotes, sin embargo, siguen siendo el objetivo para la clase media alta con la intención de construir más tarde.

ASPECTOS FINANCIEROS

Las tasas de interés en Brasil siguen siendo altas, en parte por el peso de la inflación que ha sido durante mucho tiempo elevada. El crédito al consumo, por ejemplo, puede costar más del 80% al año. De hecho, el interés se expresa a menudo sobre una base mensual. Por otra parte, una simples cuentas de ahorro o las garantías gubernamentales tienen a menudo un interés que va desde el 9% al 11% anual.

Estos altos costos explican gran parte de los rasgos característicos del mercado brasileño. Es por eso que los fabricantes aplican descuentos a los que compran el papel, como el comprador, de hecho, favorece su proyecto. La financiación, cuando es posible, es ofrecida por los vendedores y no es barata. La financiación ofrecida por los fabricantes para nuevos proyectos es generalmente del 1% por término medio, que van desde 0,50% para el período de construcción de la vivienda para llegar incluso al 1, 5% en promedio por mes, terminó la construcción, claramente más allá de la tasa de inflación.

Amplias parcelas de terrenos se venden a mucho menos que los más pequeños. Un buen índice para evaluar la evolución del mercado de la vivienda, claramente más allá del suministro, venta y promoción, es la velocidad de la venta de su propiedad. También hay un aumento de nuevas unidades de vivienda que impulsan la industria y bienes raíces.

EL MERCADO FINANCIERO

Brasil ofrece actualmente una amplia gama de inversiones en valores o certificados de bienes raíces que ofrecen atractivos rendimientos derivados de las transacciones inmobiliarias realizadas por la incorporación de las grandes empresas y la construcción en Brasil. Estos títulos son a menudo parte de un fondo de inversión que ofrece garantías serias.

TRANSFERENCIA DE DINERO EN BRASIL

La transferencia de dinero a Brasil es fácil, pero si la transferencia no se hace correctamente, se puede producir un retraso de días o incluso semanas. Puede enviar dólares a EE.UU, euros u otras monedas. Es importante que el receptor tenga todos los elementos necesarios para garantizar el crédito en su cuenta. La práctica de cerrar el cambio puede tardar hasta dos o tres días.

Para la finalización del contrato relativo al intercambio de los fondos enviados a Brasil para la compra de la propiedad, las instituciones bancarias locales requerirán toda la documentación que pueda justificar la compra de la propiedad y sobre todo la matrícula y el contrato preliminar de venta que refleje la voluntad de las partes en la compra/venta que se ha dictado, entre otras cosas, es importe el precio estipulado para este fin. También se establece que los gastos bancarios ocasionados por la negociación del cambio en Brasil, pueden variar según el banco. Además esta transacción, afecta el impuesto IOF (Impuesto a las Transacciones Financieras) en la tasa del 0,38% sobre el valor de la transferencia.

El mayor inconveniente de estas operaciones es el riesgo asociado con el cierre del tipo de cambio. Las cifras pueden sufrir cambios significativos, creando un malestar considerable. De hecho, el cierre del intercambio se lleva a cabo en Brasil y no se puede predecir con exactitud tan pronto como el dinero es enviado cuando usted lo recibe, puede haber cambios en el tipo de cambio utilizado. Por lo tanto, debería considerar la posibilidad de enviar algo más para evitar esto. Dada la fuerte variabilidad de las tasas por transferencia bancaria, es recomendable consultar a más bancos que reciben tanto en Brasil como principalmente extranjeros. Es tan bueno en virtud del contrato antes de proceder con dicha transacción.

La divisa o "Casa de Cambio"

Entre el banco de Brasil y el Banco Central de Brasil no son "asunto de Cambio", agente de bienes. Estos son reconocidos por el Banco Central para las operaciones de cambio y expedición de los contratos necesarios para el inversor.
Suponiendo que utiliza los servicios de una agencia y, a menudo usando un tipo de cambio más favorable, también se pagará la comisión de estos agentes que también es variable, pero la práctica es en todo del 0,15%.

EL BOVESPA

Una de las cosas más importantes del escenario financiero brasileño es el desarrollo de la BOVESPA (Bolsa de Valores de São Paulo Index), que difiere de todas las otras bolsas de valores de América del Sur por su notable crecimiento, a pesar de las dificultades del mercado de América del Norte que prácticamente no tiene tuvo efectos en Brasil.

INMIGRACIÓN EN BRASIL

La Ley 6.815/80 (Estatuto de los Extranjeros) regula la entrada y estancia de extranjeros en Brasil, la expedición de documentos de identidad, el trabajo, el ejercicio de las profesiones, y la adquisición de la nacionalidad brasileña, la extradición, deportación el espatrio, y, en general, los derechos y deberes mutuos entre el extranjero y el Estado brasileño.

La entrada y estancia de extranjeros en el territorio brasileño depende del tipo de visa que es expedido por las autoridades competentes. Existen siete diferentes tipos de visado que permiten una estancia en Brasil:

1) Tránsito
2) Viajes
3) Temporales
4) Permanentes
5) Cortesía
6) Diario
7) Diplomáticos

Las condiciones para la expedición de visados son previstas por la ley. Sin embargo, es responsabilidad del Ministerio de Justicia y Trabajo, el examen de casos individuales.

Las autoridades tienen amplia discreción en cuanto a la

tramitación de las solicitudes, como para los problemas de visados, en particular con respecto a los permanentes, donde los intereses nacionales prevalecen.

Residencia temporal

La visa temporal (no debe confundirse con una visa de turista o de tránsito) permite a los extranjeros de permanecer en Brasil durante un período determinado de tiempo y por necesidades específicas, incluyendo el trabajo.

Se encuentran entre este tipo de visado las estancias de empleados y/o un desprendimiento, o estudios culturales, de negocios, el trabajo científico, artístico o deportes, y otros trabajadores calificados, que deberán documentarse a través de un contrato especial con la sociedad local o al Estado de Brasil. También cubre los visados expedidos para la estancia de los corresponsales extranjeros de medios de comunicación extranjeros, así como misioneros.

La duración de la visa de residencia por trabajo o actividad artística o deportiva es de 90 días, prorrogables por otros 90 días, de acuerdo con la discreción de las autoridades brasileñas.

Para las empresas, cultural, profesional, científica y técnica, la visa le permite a los extranjeros de permanecer en Brasil durante la entera duración de la misión, del contrato de trabajo o comisión de servicio. Los contratos de trabajo debe ser aprobados por el Ministerio de Trabajo y Seguridad Social.

Los extranjeros en posesión de un visado de residencia temporal en Brasil pueden traer sus bienes personales, excepto los vehículos a motor. Estos productos están autorizados en Brasil sin seguir el procedimiento para la importación en virtud de la admisión temporal.

El visado de estancia temporal, sin embargo, no da derecho a los titulares de la creación de empresas individuales en Brasil como encargados, administradores o directores de empresas brasileñas. Para realizar estas actividades necesitan una visa de residencia permanente.

Los titulares de un visado para estancia temporal concedida para el trabajo remunerado, sólo pueden desempeñar una actividad remunerada para la que fueron autorizados, siendo obligados a no celebrar ninguna otra actividad lucrativa en el Brasil.

Por lo general no son elegibles para la conversión de visado de tránsito para el turismo o visa de residencia temporal para la residencia permanente, con excepción de los visados concedidos a los profesores y a los misioneros.

Residencia permanente

La visa de residencia permanente se expide a los extranjeros que desean establecerse en Brasil. El lanzamiento de este tipo de visa está sujeta a ciertos requisitos que normalmente se evaluará a la vista del interés nacional.

Los extranjeros titulares de visado, ya sea temporal o permanente, deberán presentarse dentro de 30 días de su llegada al Ministerio de Justicia, y deberá incluirse en los registros pertinentes y sólo después de insertar la tarjeta de identificación que se expida.

El extranjero está obligado a informar a las autoridades brasileñas de cualquier cambio de residencia. Por otra parte, las administraciones públicas, empresas e instituciones en Brasil (por ejemplo, instituciones educativas) informarán a las autoridades de la presencia de sus empleados extranjeros, personal o estudiantes.

Cuando el titular de un visado de residencia temporal o permanente por un período corto que se propone para salir de Brasil, no está obligado a proporcionar comunicación a las autoridades y su solicitud será cancelada o revocada.

Los visados de residencia permanente, con la ausencia de Brasil por un período de interrupción de más de dos años, seràn anulados.

La estancia de los directores o empleados de empresas extranjeras

El Ministerio de Trabajo podrá conceder visa de residente permanente a los directores ejecutivos, o al resto del personal o al personal de una empresa extranjera o grupo económico con intereses de equidad en una sociedad constituida bajo las leyes brasileñas.

Es un requisito para la concesión del visado, la manifestación de la empresa extranjera que ha participado en ninguna actividad que tenga por efecto de aumentar la productividad local y el empleo.

VISADO PERMANENTE

Hay diferentes categorías de visas para extranjeros que desean comprar una propiedad en Brasil y/o en vivo. Creemos que nuestros clientes estarán interesados principalmente en dos de estas categorías:

• 1C visado permanente para los Mayores de 50 años
• visado permanente para contraer matrimonio
• 2A visa permanente para Inversiones

1C - Mayores de 50 años de edad

Los jubilados pueden obtener la residencia permanente si pueden demostrar que tienen derecho a una pensión mensual de un mínimo de $ 2,000 o ser capaces de demostrar la posibilidad de transferir un mínimo de 2.000 dólares mensuales de por vida, total válida para una persona dos dependientes más. La documentación debe ser validada.
• Los extractos de certificados de nacimiento y matrimonio (si es necesario)
• Copia del pasaporte
• Certificado de Residencia (últimos 12 meses)
• Certificado de Penales
• Las pruebas de cargo (si es necesario)

Nota: Todos los documentos deben ser oficialmente traducidos y legalizados por el Consulado de Brasil. Los italianos están exentos del impuestos normales pagados por los extranjeros en el Consulado.

Los que estén en posesión de una visa permanente en Brasil están exentos del pago del impuesto de aduana sobre los bienes personales o necesarios para la realización de sus actividades profesionales.

El Consulado se reserva el derecho de solicitar documentación adicional.

Visado permanente para contraer matrimonio

Los casos pueden ser diferentes:
1) el matrimonio en Italia con un ciudadano de Brasil y de solicitud de visa en el Consulado de Brasil en Italia.

Esta situación exige que, antes de expedir autorización para el brasileño, que se casarán en Italia y lo pusieran en el Consulado de Brasil en la jurisdicción del municipio donde reside la parte de Italia (Roma o Milán). El lado brasileño para obtener un certificado deberá presentar dos declaraciones firmadas por dos testigos (que pueden ser fabricados en el Brasil o Italia Cartor por los ciudadanos de cualquier nacionalidad, el modelo completo se puede descargar desde el sitio de los consulados), registro de nacimiento original expedido con no más de seis meses, el pasaporte y la copia de una identidad italiana de la persona a casarse. Con el Nulla Osta consular y el pasaporte se puede contraer matrimonio en Italia, lo importante es que el visto bueno para el matrimonio es necesario para mostrar en buen estado o tener permiso para quedarse. Si el matrimonio debe registrarse a la oficina de registro en el consulado y el certificado de registro junto con el registro de antecedentes penales, a la espera trajes, los demás documentos expedidos por el municipio y un estado de cónyuge o un brasileño / A Usted puede solicitar una visa Permanente que se coloque en el pasaporte del solicitante por la oficina consular, se necesitan al menos dos meses

2) El matrimonio celebrado en Italia con un ciudadano de Brasil y la solicitud de visado a la policía federal de Brasil.

Se puede casarse en Italia, en un turista en Brasil y solicitar la visa permanente directamente a la policía federal de Brasil, en tal caso, el matrimonio debe ser celebrado en Italia fue transcrita por primera vez en el consulado y luego en la oficina apropiada civil en Brasil, después de este matrimonio la última registración tiene plena validez jurídica en Brasil y puede ser reenviada a la policía federal la solicitud de visado (Pedido de Permanencia base final com casamento em). Los documentos que suelen ser necesarios en ese caso son el acta de matrimonio, copias certificadas de Cartor todas las páginas del pasaporte, certificado de enjuiciamiento penal general y luego legalizado en el consulado brasileño en Italia y traducido en Brasil, fotos del pasaporte de los cónyuges, con la copia del documento de identidad Cartor del cónyuge brasileño y domicilio fiscal de alrededor de 40 de euros. Si toda la documentación está en orden se emite de inmediato un permiso de residencia temporal válido hasta la decisión final sobre la solicitud formulada, que por supuesto se dará luego del resultado de algunos controles que hará la policía federal, el documento de identidad real de los extranjeros también quiere venir en pos dos o tres años.

3) El matrimonio en Brasil con un ciudadano de Brasil y la solicitud de visa en el Consulado de Brasil en Italia.
Puede casarse en Brasil, a Italia y solicitar la visa permanente para el consulado de Brasil en este caso, la transcripción no es necesaria porque el matrimonio ya estaba en pleno vigor, después de haber sido celebrado en Brasil, así como una fotocopia compulsada (hecho en Cartor Brasil en el consulado), del certificado de matrimonio es preceptiva declaración de los documentos de Brasil y otros que se producirán en Italia, este procedimiento está claramente indicado en las páginas web de los consulados brasileños en Italia (Roma o Milán - www.consbrasroma.it - www.consbrasmilao.it)

4) El matrimonio en Brasil con un ciudadano de Brasil y la solicitud de visado a la policía federal de Brasil.

Se puede conseguir en Brasil como turista, con toda la documentación necesaria para contraer matrimonio en Brasil y para dirigir la solicitud de visa permanente a la policía federal. En este caso debemos tener cuidado de no perder todos los documentos necesarios tanto para el matrimonio y la solicitud de visado posterior. Para casarse debe producir en Italia con el extracto del acta de nacimiento y la paternidad y la maternidad estado libre acumulada, la ciudadanía y la residencia en la provincia y luego legalizada por el Consulado de Brasil en Italia y que posteriormente se tradujo en Brasil, cuando se le posesión del certificado de matrimonio es necesario tener todos los documentos ya mencionados en el 2. La valldez de los documentos realizados en Italia es de 90 días, tiempo más que suficiente para llevar a cabo ambas prácticas.

A menudo, los documentos pueden variar de Estado a Estado e incluso de la misma Cartor Cartor al Ayuntamiento. Ambos Cartor que la Policía Federal podrán requerir documentación adicional, así que el mejor consejo es siempre consultar directamente en la oficina donde se realiza una práctica en particular. En la primera fase en el caso de "Final Permanencia PEDIDO DE com em casamento de base" no se concede "visa de residente permanente", sino sólo un permiso provisional, la policía en caso de matrimonio hará los controles necesarios para garantizar que el matrimonio sea real. Otra cosa es que tan pronto como serà titular del permiso temporal, y hasta que la notificación de la concesión de residencia permanente llegue, está obligado a permanecer en Brasil y no puede permanecer fuera del país durante más de tres meses consecutivos .

La "Declaración Resolução N º 45, de 14 de Marco de 2000" prevé la visa permanente para la transferencia de la pensión de jubilado extranjero que decide vivir en Brasil, la junta debe tener un importe mínimo que se puede ver en el sitio actualizado de la Policía Federal (http://www.dpf.gov.br).

Otro caso de visa de residente permanente es la de un niño en Brasil

¿Quién tiene un hijo en Brasil, ciudadano brasileño, y luego (como en Italia que no han nacido en el territorio del Estado, incluso cuando se trata de un nacionales de padres extranjeros o irregular), obtuvo un visado siempre que el niño vive con él, o si usted vive con otras persona, por ejemplo con la madre, el padre debe ser económicamente dependiente, en la práctica, el padre debe proporcionar apoyo financiero, ya que este tipo de visa se justifica en el interés y el sustento del niño.

Últimos puede ser la obtención de una visa permanente para vivir juntos, un signo de civilización a la que debemos tomar un ejemplo serio, la posibilidad de alojarse en los que podrían quedar pendientes o el divorcio por diversas razones, no pueden casarse; Se podrá conceder un visado a un extranjero que tenga una convivencia estable con un ciudadano de Brasil y lo apoye moral y económicamente. Los controles son graves y la coexistencia debe ser eficacz, no sólo una simple declaración de soltera y es necesario establecer una práctica en el "hueco" (el tribunal) homólogos de Brasil la situación de las parejas de hecho en una sentencia. Luego, con esta certificación y otros documentos de la Policía Federal podrán expedir un visado permanente que, no obstante, sigue vinculado por este sindicato. Para este tipo de prácticas es necesario contactar a un abogado porque el proceso es complejo.

En cuanto a los visados temporales, como hemos dicho, hay muchos y pueden representar una alternativa temporal a los que quieren a tientas el traspaso definitivo a Brasil, el sitio del consulado es www.consbrasmilao.it

Milán ha dedicado una información muy clara y completa acerca de esto. Uno de los tipos más comunes de visa es para las empresas, la práctica debe ser iniciada en Brasil por la persona que llama y el visado se estampará en el pasaporte de Italia llamado por el Consulado de Brasil, la empresa debe presentar sus documentos en Brasil, el contrato de trabajo y de una cualificación o la experiencia adecuada para la tarea que se pedía que el trabajo se trasladará a Brasil, este tipo de visado se concede en la evaluación de la necesidad de ingresar al país de mano de obra calificada y será evaluado de caso en caso. Los documentos pueden enviarse por correo y también se llama a Italia a la persona que llama que luego completar la práctica de Brasil en el Ministerio de Trabajo, este último en el consulado de Italia de liquidación para el visado en el pasaporte de la persona que llama, para Ahora el beneficiario entra en Brasil con un visado y contrato de trabajo ya aprobados.

Se observó, no obstante, que no todas las visas se obtienen solamente mediante la presentación de los documentos presentados, todas están sujetas a las decisiones ministeriales, y documentación adicional puede ser solicitada a la discreción de los funcionarios que intervienen en la supervisión y/o el visado, los controles frecuentes de la policía federal en serio diseñado para asegurar que hay situaciones que dan derecho a la visa de hecho y no ser ficticios, por ejemplo, sabemos que muchos matrimonios son ficticios y por lo tanto el control sobre la vida real en la casa de la pareja siempre existe, ya que puede haber controles en los lugares empleo, inversión, etc. Si descubre una situación artificial existen fuertes sanciones que pueden conducir a la expulsión y/o el pago de distintas multas. A diferencia de nuestro país, donde la deportación es válida por diez años, en Brasil la expulsión es permanente y el procedimiento de revocación es largo y complejo.

Con respecto a la información y los procedimientos en los consulados brasileños en Italia se puede decir por experiencia directa que hacen un gran trabajo, dando la mejor información disponible, pero debido a la enorme cantidad de trabajo que tienen y la cantidad de gente que asisten entre brasileños e italianos muchas veces algunas prácticas no son posibles. El consulado en Roma ha iniciado los procedimientos para simplificar muchas prácticas, tales como ser capaces de hacer muchas cosas por correo o por mensajería, sin la necesidad de ir de persona y dar fe de que el servicio funciona bien. Tanto el consulado en Roma como el de Milán no da información por teléfono, que es un flaco favor porque las respuestas a los correos electrónicos son rápidas, exhaustivax y profesionales con los accesorios necesarios, plantillas de documentos, etc ..., entonces si la solicitud es rara o incomprensible para ellos, no dude en llamar, así que si necesita información compruebe en los sitios web cual es el consulado de su jurisdicción (www.consbrasroma.it - www.consbrasmilao.it) y mande un correo electrónico con su número de teléfono. En un par de días encontrarà las respuestas, todos los documentos y otros modelos. Este es relativamente bien utilizado en Brasil, mientras que en Italia, excepto unos pocos casos, a menudo todavía estamos a la espera de llamadas telefónicas largas y costosas sin obtener la información deseada.

En el Estado de Ceará, en Fortaleza, a continuación, la delegación de la policía federal para extranjeros se encuentra el Aeropuerto Internacional Pinto Martins en el primer piso.

Reglas generales para la validez de los documentos italianos en Brasil

- Todos los documentos expedidos por la ciudad desde el Centro de Salud (SLA), de las instalaciones educativas, etc ..., deberán ser legalizados en la Prefectura.
- Todos los documentos expedidos por el Secretario del Tribunal o el Fiscal deben ser legalizados con Poder (es decir, con la firma del fiscal o el fiscal adjunto).

Por último, estos documentos también deben ser legalizos en el Consulado de Brasil en la jurisdicción de pertenencia (de Roma sobre la cien-Sur Italia / Milán al norte).
Al legalizar los documentos en las prefecturas y los fiscales garantizan que la firma de buena voluntad sea legaliza y el documento haya sido presentado a la jurisdicción del Consulado de Brasil (Roma o Milán), ya que, de otro modo el documento no

será legalizado en el consulado. La información que normalmente se suministra inmediatamente por el italiano.

Nessun documento italiano se limitaron a traducir en Brasil, también traductor, tiene valor legal si usted no sigue este procedimiento. En algunos casos también puede ser aceptada, pero si es práctico en ministerios y en la policía federal es bueno seguir este procedimiento.

2A - Visa para Inversiones

En ciertas circunstancias es posible obtener una visa permanente.

Las solicitudes deberán presentarse directamente al Ministerio de Trabalho e Emprego (Ministerio de Trabajo y la Empresa) en Brasil, o en cualquiera de las oficinas regionales.

Si un agente inmobiliario o un constructor dirá que la compra de su propiedad en Brasil tiene un precio de compra superior a un valor de $ 50.000 USD tendrá derecho a solicitar una visa permanente por inversión brasileña (2A), y, oh no son más que la mentira y el mal en estado puro!

La inversión mínima se revisó y aumentó a un valor igual de R $ 150.000 de nuevo en febrero de 2009, y mediante la adición de una revisión de su inversión después de sólo tres años, en comparación con los últimos cinco años. Pero en cualquier caso no puede, y nunca podrà, simplemente comprar una propiedad por un valor mínimo de R $ 150.000 y calificarse para visas permanentes para la inversión. Muchos han sido inducidos a error en este punto en el pasado.

Vamos a explicar como usted se puede calificar para visas permanentes de inversiones 2A en Brasil. En primer lugar debe abrir una nueva empresa brasileña o invertir en una empresa brasileña que ya existe. Para abrir una nueva empresa, ocurren unos 20 días y el costo de un contador para este servicio es de aproximadamente R $ 2.000. A Sociedad Limitada (Ltda.), el equivalente de una LLC, se requiere tener un mínimo de dos miembros, que se pueden distribuir entre sí todo caso, que también es del 99,5% - 0,5%. Los socios no necesitan ser un brasileños como mucha gente parece creer o quieren que usted crea (incluyendo, por desgracia, muchos abogados en Brasil). Lo que se necesita, sin embargo, y es precisamente en este punto que gran parte de la confusión se plantea, es la necesidad que un director de la empresa sea brasileño o un extranjero que ha RNE visado permanente, sólo para administrar la empresa hasta por lo menos cuando el dueño de ella obtenga su visado permanente (y su número de RNE). A este punto es posible despedir al administrador, convirtiéndose en el administrador, así como miembro de la sociedad misma.

Este es el paso más importante y hay que tener confianza en el administrador que usted eligió. El administrador tiene la capacidad y el acceso a la cuenta bancaria de la sociedad establecida. Para asegurarse de que pueda agregar restricciones de las facultades del acuerdo de asociación, por lo que el mismo podría ser perseguido judicialmente en caso de que la empresa utilice el dinero para fines personales. Esto no impediría el acceso de administrador a la cuenta de la empresa, pero si el administrador le "robó" el dinero de la cuenta corporativa por lo menos la ley está de su lado.

Con la nueva sociedad brasileña y su cuenta bancaria corporativa abierta, usted puede:

1. Transferir un mínimo de R $ 150.000 en su compañía desde su cuenta personal a la sociedad en Brasil.
2. O invertir un mínimo de R $ 150.000 en una empresa brasileña ya existente. Si se opta por esta solución se recomienda una cuidadosa investigación y pruebas sobre las deudas.
3. Usted también puede invertir menos de R $ 150.000 para calificarse para la visa permanente para la inversión, pero para disfrutar de esta opción es necesario "persuadir", a través de un plan de negocio detallado, el Ministerio de Trabajo y Empleo de Brasil, así como el Consejo inmigración brasileña y demostrar como su empresa dará un mínimo de 10 nuevos puestos de trabajo para los ciudadanos locales en Brasil y que la empresa da

un desarrollo concreto a la economía local. No termina aquí, una vez obtenida la visa permanente tendrá acceso a pressupposti concretamente por encima de la pena se retira. Esta opción es la más difícil de lograr.

Con su dinero invertido en su empresa ahora puede hacer solicitud al Consejo Nacional Brasileño de Inmigración de su visa permanente en Brasil. Un abogado y/o contable llevará a cabo este servicio y el costo oscila en torno a R $ 3.000 R $ 6.000 o puede optar por un paquete completo (sociedad abierta y la obtención de visas permanentes) a un costo de aproximadamente R $ 5.000 a R $ 10.000. A partir de la solicitud y el envío de la documentación de aprobación de la visa apropiada pasan por lo menos 60 días.

Su empresa ahora puede finalmente comprar una propiedad. Pero cuidado:

(I) durante los primeros tres años, su empresa puede ser supervisada en todo momento, haciendo que el visado no se renueva después de tres años. El Departamento de la Policía Federal puede llevar a cabo controles para establecer la existencia física de la sociedad y las actividades que realiza.

(II) los bienes de propiedad de una empresa no tienen beneficios fiscales sobre las plusvalías de la venta de una propiedad como la propiedad de un particular.

Así que por lo general es mejor comprar una propiedad en Brasil como un particular. Resumiendo las visas permanentes 2A para inversión brasileña pueden ser otorgadas a quienes inviertan un mínimo de R $ 150.000 (reales brasileños) en nuevas o ya existentes sociedades en Brasil. Además, la empresa invierte en la que deben cumplir las nuevas regulaciones sobre la obtención de uno o varios empleados de la misma.

Los requisitos para esta visa son:
• Copias de los pasaportes
• Certificado de Policía

- Los certificados de vacunación (si es necesario)
- Tarifa Consulado

El Ministerio velará por la autenticidad de las solicitudes, la validez de los puestos de trabajo para los brasileños, el tipo de actividades, etc. Los detalles del procedimiento para este tipo de visa se pueden solicitar directamente al Ministerio:

Ministerio de Trabalho Emprego
Tel: 0055 61 317 6417
Fax: 0055 61 321 0652

Todos los documentos deben estar oficialmente traducidos y autenticados.

Tenga en cuenta que los detalles pueden cambiar.

La siguiente es la nueva legislación para obtener el <u>visado para la inversión:</u>

MINISTÉRIO DO TRABALHO E EMPREGO
CONSELHO NACIONAL DE IMIGRAÇÃO
RESOLUÇÃO NORMATIVA Nº. 84, DE 10 FEVEREIRO DE 2009.

<u>Disciplina a concessão de autorização para fins deobtenção de visto permanente para investidor estrangeiro - pessoa física.</u>

O CONSELHO NACIONAL DE IMIGRAÇÃO, instituído pela Lei nº 6.815, de 19 de agosto de 1980 e organizado pela Lei nº 10.683, de 28 de maio de 2003, no uso das atribuições que lhe confere o Decreto nº 840, de 22 de junho de 1993, resolve:

Art. 1º O Ministério do Trabalho e Emprego poderá autorizar a concessão de visto permanente ao estrangeiro que pretenda fixar-se no Brasil com a finalidade de investir recursos próprios de origem externa em atividades produtivas.

Parágrafo único. Tratando-se de investimento que, em razão do número de investidores estrangeiros, acarrete substanciais impactos econômicos ou sociais ao país, o pleito poderá ser encaminhado pelo Ministério do Trabalho e Emprego ao Conselho Nacional de Imigração para decisão.

Art. 2º A autorização para concessão de visto permanente ao estrangeiro ficará condicionada à comprovação de investimento, em moeda estrangeira, **em montante igual ou superior a R$ 150.000,00 (cento e cinquenta mil reais).**

§ 1º O disposto neste artigo aplica-se a empresa nova ou a já existente.

§ 2º Na apreciação do pedido, será examinado prioritariamente o interesse social, caracterizado pela geração de emprego e renda no Brasil, pelo aumento de produtividade, pela assimilação de tecnologia e pela captação de recursos para setores específicos.

§ 3º O Conselho Nacional de Imigração poderá alterar o valor mínimo de investimento estabelecido no caput do presente artigo por meio de Resolução Administrativa.

Art. 3º O Conselho Nacional de Imigração poderá autorizar a concessão de visto permanente para o empreendedor que pretenda fixar-se no Brasil para investir em atividade produtiva, mesmo que o montante do investimento seja inferior ao previsto no caput do art. 2º desta resolução Normativa.

§ 1º Na análise do pedido, será verificado o interesse social do investimento conforme os seguintes critérios:

I - quantidade de empregos gerados no Brasil, mediante a apresentação de Plano de Investimento, onde conste programa anual de geração de empregos a brasileiros;

II - valor do investimento e região do país onde será aplicado;

III – setor econômico onde ocorrerá o investimento; e

IV – contribuição para o aumento de produtividade ou assimilação de tecnologia.

§ 2º Em suas decisões, o Conselho Nacional de Imigração levará em consideração especialmente os investimentos oriundos de empreendedores nacionais de países sul americanos.

Art. 4º O pedido de autorização para concessão de visto permanente deverá ser instruído com os seguintes documentos:

I - requerimento modelo próprio;

II - procuração por instrumento público, quando o investidor estrangeiro se fizer representar;

III - contrato social ou ato constitutivo da empresa beneficiada pelo investimento, registrado no órgão competente, com o capital estrangeiro investido devidamente integralizado;

IV - SISBACEN - registro declaratório de investimento externo direto no Brasil ou contrato de câmbio emitido pelo Banco receptor do investimento, nos códigos de natureza fato que caracterizam o investimento direto estrangeiro no Regulamento do Mercado de Câmbio e Capitais Internacionais - RMCCI;

V - comprovante original de recolhimento da taxa individual de imigração em nome da empresa requerente;

VI - recibo de entrega da declaração do imposto de renda do último exercício fiscal da empresa requerente, quando couber; e

VII – Plano de Investimento que atenda ao disposto no § 2º do art. 2º desta Resolução Normativa.

Parágrafo único. Sempre que entender cabível, a Coordenação-Geral de Imigração/MTE poderá solicitar diligências *in loco*, pela fiscalização das Superintendências Regionais do Trabalho e Emprego ou pelo Departamento de Policia Federal.

Art. 5º O Ministério do Trabalho e Emprego comunicará ao Ministério das Relações Exteriores as autorizações, para concessão do visto no exterior por missões diplomáticas, repartições consulares de carreira e vice-consulados.

Art. 6º Constarão da primeira Cédula de Identidade do Estrangeiro - CIE a condição de investidor e o prazo de validade de três anos.

Art. 7º O Departamento de Polícia Federal substituirá a CIE quando do seu vencimento, fixando sua validade nos termos do disposto na Lei nº 8.988, de 24 de fevereiro de 1995, mediante comprovação de que o estrangeiro continua como investidor no Brasil, com a apresentação dos seguintes documentos:

I - comprovante de pagamento da taxa referente à substituição da CIE;

II - Cédula de Identidade do Estrangeiro – CIE original;

III - cópia autenticada do ato legal que rege a pessoa jurídica, devidamente registrado no órgão competente;

IV - Declaração do Imposto de Renda do último exercício fiscal da empresa e respectivo recibo de entrega;

V - cópia da Relação Anual de Informações Sociais - RAIS relativa aos últimos dois anos, que demonstre o cumprimento da geração de empregos prevista no Plano de Investimento, quando aplicável; e

VI – cópia da última guia de recolhimento do Fundo de Garantia do Tempo de Serviço - FGTS, constando a relação de empregados.

§ 1º Sempre que entender cabível, o Departamento de Polícia Federal poderá efetuar diligências *in loco*, para a constatação da existência física da empresa e as atividades que vem exercendo.

§ 2º A substituição da CIE deverá ser requerida até o seu vencimento, sob pena de cancelamento do registro como permanente.

Art. 8º Esta Resolução Normativa entra em vigor na data de sua publicação.

Art. 9º Fica revogada a Resolução Normativa nº 60, de 06 de outubro de 2004.

PAULO SÉRGIO DE ALMEIDA
Presidente do Conselho Nacional de Imigração
Publicada no DOU N º. 31, de 13 de fevereiro de 2009.

ORDEM DE SERVIÇO/GM/CGIg/ Nº 01/09

Define procedimentos operacionais da Coordenação-Geral de Imigração em relação às solicitações com base na Resolução Normativa nº 84/2009.

O COORDENADOR-GERAL DE IMIGRAÇÃO, no uso de suas atribuições legais e considerando a necessidade de uniformizar os procedimentos de análise de solicitação de autorização para visto permanente ao investidor estrangeiro nos termos da Resolução Normativa nº 84/2009 do Conselho Nacional de Imigração,

RESOLVE:

1. Na análise dos pedidos de autorização para visto permanente com base na Resolução Normativa nº 84/2009, serão utilizados os seguintes critérlos para definir o interesse social do investimento conforme o previsto no art. 2º, §2º da mesma

Resolução:
a) geração de emprego e renda no Brasil;
b) aumento de produtividade;
c) assimilação de tecnologia; e
d) captação de recursos para setores específicos.

2. O critério de maior importância para definir o interesse social do investimento conforme o previsto no art. 2º, §2 da RN nº 84/09 será a geração de emprego e renda no Brasil pelo investidor estrangeiro.

3. A geração de emprego e renda deve ocorrer já no primeiro ano de funcionamento do empreendimento, contado da data do deferimento da autorização para visto permanente ao estrangeiro.

4. A geração de emprego indireto também pode ser computada, mas necessariamente o empreendimento deve ter geração própria de empregos.

5. O aumento de produtividade, a assimilação de tecnologia e a captação de recursos para setores específicos são critérios que complementam a geração de emprego e renda para definir o interesse social do investimento conforme o previsto no art. 2º, §2 da RN nº 84/09.

6. A análise do interesse social do investimento conforme o previsto no art. 2º, §2 da RN nº 84/09, será realizada por meio do Plano de Investimento apresentado pelo requerente nos termos do art. 4º, inciso VII da RN nº 84/09.

7. O Plano de Investimento deve estabelecer claramente a utilização dos recursos investidos, devendo conter necessariamente os seguintes tópicos:
a) Definição do Negócio:
i) setor econômico e localização;
ii) descrição do serviço a ser prestado; e
iii) concretização do investimento e prazo para início das atividades.
b) Objetivo do Empreendimento:
i) importância do investimento para a localidade e para o setor econômico;
ii) tecnologia e serviços envolvidos;
iii) programas governamentais e locais;
iv) existência de parcerias;
v) mercado pretendido; e
vi) estratégia de desenvolvimento do negócio.
c) Geração de Emprego e Renda:
i) plano de contratação nos três primeiros anos (quantidade de empregados e cargos);
ii) salários a serem pagos; e
iii) investimento na capacitação e qualificação dos funcionários.
d) Plano Financeiro: descrição da aplicação do valor investido.

8. Outros pontos que serão considerados essenciais à análise:
a) Consistência do pedido: inexistência de incoerências, de dados divergentes ou não
confirmados e de afirmações contraditórias; e

b) Currículo do estrangeiro: deve ser analisada a formação e a experiência profissional do investidor estrangeiro em relação ao empreendimento, conforme informado no Formulário "Dados da Requerente e do Candidato".

9. Após a concessão da autorização para visto permanente com base na RN nº 84/09, anualmente, a Coordenação-Geral de Imigração deverá verificar o cumprimento do Plano de Investimento informado, especialmente no que se refere à geração de emprego e renda.

10. Caso comprovado o descumprimento do Plano de Investimento, a autorização concedida deverá ser cancelada.

11. Publique-se no Boletim Interno e na página eletrônica deste Ministério.

12. Dê-se ciência às chefias e demais servidores desta Coordenação-Geral.

Brasília, DF em 10 de junho de 2009
Paulo Sérgio de Almeida
Coordenador-Geral de Imigração

QUE HACER Y QUE... _NO HACER!_

• Es siempre bueno salir con una copia autenticada de su passoporte

• Cuente siempre con el apoyo de un abogado o un agente de bienes raíces calificado para verificar la documentación para la compra de la propiedad, etc ...

• Preguntar con regularidad a un agente de bienes raíces sobre el diseño registrado CRECI y prestar atención a su compra y venta

• Explore la zona en la que desea comprar. Trate de visitar personalmente la propiedad y pedir el asesoramiento de un agente de bienes raíces calificado que conozca directamente en Europa, propiedades y/o empleadores.

• Si va a devolver su dinero en Italia en el futuro, lo mejor es registrar sus pagos al Banco Central de Brasil por lo que es fácil de demostrar de donde sacaron su dinero cada vez que desee volver a enviarlo a Italia.

• A medida que los clientes buscan una agencia inmobiliaria con un personal que habla italiano y portugués en Brasil, tenga un agente europeo en el hotel para seguir su inversión y ahorrará tiempo, dinero y estrés.

• Como en cualquier mercado de bienes raíces en el mundo, la ubicación es la clave de todo. Pregúntele a un agente de bienes raíces que conoce profundamente el mercado y le ayudará a elegir la ubicación y propiedades y negociar el mejor precio.

• Sea claro sobre los motivos de compra para sus vacaciones, jubilación, estilo de vida, negocios, inversiones, etc ...

... NO!

• Brasil es el país de la improvisaciòn. Ni siquiera trato de pensar, siempre revise todo y vuelva a comprobar! El dinero de las parcelas abogados calificados, contadores calificados y agentes de bienes calificados raíces son la mejor inversión!

• No crea en nada de lo que no está escrito que no ha sido probado antes por un agente de bienes raíces, un buen abogado y un contador que ha dicho en detalle las obligaciones tributarias y como administrar transferencias.

• Obtenga el asesoramiento de profesionales con amplia experiencia con extranjeros y con claras referencias demostrables. Ver más de un profesional antes de elegir el más adecuado para usted.

• Atención a cualquier persona que ofrezca una pensión garantida es imposible de garantizar.

• Si abre una empresa no ceda porcentajes, ni siquiera un 1% ya que no es cierto que por ley usted debe tener necesariamente un socio brasileño.

• Si necesita una empresa para abrir un administrador brasileño o extranjero residente, que se extiende por un extranjero residente y no sólo te conseguiste una visa permanente por el administrador del nombre de la liquidación de primer administrador de la empresa. • No crea a nadie que se ofrece a ser su gerente de la empresa de forma gratuita, incluso pagar un contrato acordado dejar muy claro a lo largo del proceso.

• Si tiene la intención de abrir una empresa de bienes no ceda porcentajes de la compañía, no es cierto que usted está legalmente obligado a entregar al agente de un porcentaje de su empresa con CRECI es una mentira!

• Si usted no tiene el número CRECI para operar como agente de bienes raíces contratar a un agente de bienes raíces como responsable y a un técnico como técnico valorad por el CRECI o cualquier otro empleado.

• No le dé porcentajes de tierras rurales (rancho, sitio, granja, etc ...) a un brasileño porque le han dicho que usted está obligado por la ley. Es una mentira! Un extranjero puede ser dueño de la tierra rural en el territorio nacional a menos que no estén en las zonas fronterizas o de más de 100 hectáreas.

• Nunca comprar una propiedad sin antes consultar con los organismos del medio ambiente lo que puede y lo que no puede hacer, enn el caso de las zonas verdes y zonas de protección del medio ambiente/parques/dunas, etc.

• Si va a comprar la tierra antes que el plan siempre se recabará de la región o ciudad.

• Haga caso omiso de las topografías menos planimètricas georreferenciados con coordenadas GPS. Si la zona en cuestión no tiene una es importante consultar a un profesional para crear una zona para verificar el tamaño y la ubicación exacta.

• No crea historias de oportunidades perdidas debido a circunstancias especiales, tales como problemas de salud de familiares o desastrosa situación financiera o comprador a un paso de completar la compra, etc ... Tómese su tiempo y haga todas sus pruebas con calma, siempre hay buenas oportunidades y a veces la mejor inversión no es sólo lo que tú ...!

• Para la ley brasileña, después de dos años de vivir con un brasileño se adquieren todos los derechos del esposo/esposa como si se hubiera casado. No subestime esta ley ...!

• En Brasil, una verdadera y completa separación de la propiedad no existe, no subestime este aspecto ...!

LA CRUDA REALIDAD

- En Brasil, el restaurante / kiosco / bar / pizzería en la playa, etc no son negocios. Son una pérdida de tiempo y dinero y causan estrés, porque hay una gran cantidad de trámites burocráticos, controversias, malentendidos y chantajes por parte del personal de Brasil.

- En Brasil, la apertura de una pousada es un negocio sólo si está en condiciones de garantizar, a través de contactos en Italia (tour operadores, agencias de viajes, etc ...), el empleo de su gente. De lo contrario, es la misma situación infeliz del restaurante / kiosco / pub / pizzería.

Como siempre use el sentido comùn
es siempre la mejor opción!

SISTEMA DE COMERCIO EXTERIOR

El comercio exterior de Brasil está sujeto a auditoría por parte del Gobierno Federal.

En el caso de las importaciones, el control se ejerce con el fin de estabilizar la balanza de pagos, especialmente en tiempos de crisis económica y para proteger y estimular el crecimiento de Brasil y estimular la inversión extranjera de conformidad con las normas de la OMC.

El mercado brasileño ha tenido en los últimos años una apertura significativa a los productos extranjeros, porque el gobierno federal ha reducido los derechos de importación y aduana ha simplificado la burocracia.

Las importaciones de productos extranjeros para el consumo interno están sujetas a las normas de Brasil en el Mercosur, en particular a la aplicación del arancel externo común (TEC), de acuerdo a categorías de productos en la "Nomenclatura Común del Mercosur (NCM).

Los derechos de aduana varían entre el 0% y el 35%. La intención del gobierno es reducir los aranceles para llevarlos a una tasa promedio del 14%. El impuesto es calculado sobre el precio de venta del producto, además de seguro y transporte hasta CIF (Incoterms).

Sin embargo existen restricciones relativas a la importación de determinados productos. La importación de bienes que tengan características similares a los producidos en Brasil no dispone de instalaciones o la reducción de los impuestos y por lo tanto es mucho más caro. La responsabilidad de la Secretaría de Comercio Exterior - SECEX - si existe o no una identidad o similitud de características entre los productos importados y los brasileños. La restricción, a menudo se utiliza como barreras no arancelarias a las importaciones.

La importación también está exenta del pago del impuesto sobre productos industrializados - IPI - y de la circulación de bienes y servicios - ICMS.

Las empresas que deseen acogerse a las importaciones estarán obligadas a inscribirse en el SICOMEX - RADAR un registro especialmente diseñado para gestionar y controlar las actividades de importación y exportación. Hay requisitos especiales para unirse, pero el permiso para operar debe ser actualizado periódicamente de acuerdo con el volumen de empresas que operan.

En cuanto a las exportaciones, son alentados por el gobierno brasileño. Exportadores de disfrutar de los incentivos fiscales y facilidades financieras para la exportación. Las exportaciones también están exentas del IPI y dell'ICMS para todos los productos industriales, mientras que es posible deducir los impuestos pagados por la compra de materias primas y bienes intermedios incorporados en bienes para la exportación.

Las sucursales de empresas extranjeras en Brasil

El establecimiento de sucursales de empresas extranjeras en Brasil se rige por las disposiciones del Decreto-ley n º 2627, del 26 de septiembre del 1940 (artículos 64-73), y la Declaración N º DNRC 81 del 5 de enero del 1999.

La compañía extranjera que tiene la intención de establecer una planta de fabricación en Brasil debe ser aprobada por el gobierno brasileño, que decide por decreto presidencial especial. El decreto y los documentos clave se publican en el Boletín Oficial, y los actos de constitución deberán presentarse ante la autoridad competente en el Registro de Sociedades.

Dichas diligencias y nombró a un representante, pero el brasileño no, siempre que tengan residencia permanente en Brasil, la empresa extranjera regularmente operan en Brasil a través de su sucursal o filial.

El procedimiento de concesión de licencias de una sucursal o filial de la empresa extranjera sufre, sin embargo, un proceso burocrático muy complejo y engorroso, que también ha gastos considerables. Por estas razones, las empresas extranjeras, con excepciones limitadas, prefieren ser empresas reales de Brasil, incluyendo las filiales al 100%.

EMPRESA EXTRANJERA

Las empresas extranjeras, en principio, pueden conseguir en Brasil todos los actos relativos a su objeto social, sin necesidad de autorización previa o registro. Las empresas extranjeras también pueden ser demandantes o demandados en los tribunales. La capacidad de actuar de las empresas extranjeras se rige por la ley del país en el que la misma haya sido presentada.

Agencia contrato

El contrato de agencia se rige por la Ley N º 4.886/65 de Brasil, en su versión modificada por la Ley n º 8.420/92 y 10.406/02. Puede ser designado como agente un individuo o una persona jurídica.

El contrato debe ser necesariamente por escrito y debe contener al menos las disposiciones que figuran a continuación:

a) las condiciones y requisitos de la representación comercial;

b) una declaración de productos generales o específicos o de los artículos objeto del contrato;

c) la duración del contrato (temporal o permanente);

d) una indicación de la zona;

e) la exclusividad territorial o menos;

f) la existencia de garantías;

g) la remuneración, que puede ser adquirida a raíz de la celebración efectiva del precio de venta o de la ganancia

h) la indemnización por rescisión del contrato.

Contrato de venta internacional

Con respecto a las ventas internacionales cuando las partes no hayan elegido la ley aplicable, o no regulan sus relaciones en una forma específica (por ejemplo, con la aceptación por el comprador de los términos del servicio elaborados por el vendedor) Las normas que se aplicarán son las dictadas por la Convención Internacional de Viena sobre Compraventa Internacional de 11/04/1980, ha sido ratificado por Italia, y Brasil, que cubre en detalle algunos aspectos fundamentales del contrato.

Acuerdo de Distribución

En virtud de este contrato, el distribuidor se compromete a comprar y revender con continuidad al proveedor de productos en un área determinada.
Nada prohíbe a las partes de celebrar el contrato si la resolución

no alcanza un mínimo de ciertos objetivos de ventas.

Cabe señalar que en Brasil el acuerdo de distribución, a diferencia de la agencia, se rige por una excepción específica a determinadas normas sobre la propiedad.

Contrato de transferencia de tecnología y asistencia técnica

Licencias de marcas y patentes

Los contratos de transferencia de tecnología y conocimientos técnicos deben ser aprobados y registrados por el INPI (Instituto Nacional de la Propiedad Industrial) y el Banco Central de Brasil.

Tras la entrada en vigor de la Ley de Propiedad Industrial, se han quitado varios requisitos para la aprobación de estos contratos y los procedimientos burocráticos se han simplificado.

Los contratos de asistencia técnica, que no implican la transferencia de la "tecnología" (caracterizada como naturaleza intangible) son similares a los contratos de transferencia de tecnología, pero no deben ser aprobados por el INPI, que tiene facultades discrecionales para evaluar las consecuencias económicas de la negociación y siempre puede requerir el ajuste de los parámetros contractuales de la realidad económica de Brasil.

Para los contratos de transferencia de tecnología, la aprobación del INPI es esencial, ya que la misma se pueden deducir para cubrir los gastos de la gestión del dinero pagado por la empresa adquirente de empresa proveedora como la remuneración de la tecnología transferida.

La remuneración puede ser establecida por una suma fija o en términos de los productos vendidos con la tecnología, es decir, sobre la base del volumen de negocios.

Por lo tanto existe en materia una libertad de elección.

La Ley Aplicable a los Contratos

El Código Civil brasileño no acepta el principio de autonomía de las partes con respecto a la elección del derecho aplicable a los contratos. Aunque la doctrina y la jurisprudencia son simpatizantes de la libertad de elección la ley aplicable a las controversias (Artículo. 9 ° D. Piernas. N ° 4657 de 09.04.1942 - Introducción a la Ley del Código Civil) aún vigente, establece claramente que las obligaciones contractuales se rigen por la ley del país donde se firmó el contrato.

Las cláusulas de jurisdicción

El principio es que la aceptación de la jurisdicción de Brasil, excepto en los casos indicados a continuación:

a) las cuestiones relativas a los sitios de bienes raíces en Brasil;

b) los procedimientos para la sucesión en el que están involucrados los activos localizados en Brasil, independientemente del lugar de la muerte del de cujus.

En materia contractual, ante la ausencia de exención de la jurisdicción, los tribunales tienen jurisdicción brasileña, entre otras cosas, en los casos siguientes:

a) cuando el acusado, independientemente de su nacionalidad, tenga su domicilio en Brasil;

b) cuando la obligación en cuestión fue o debería haber sido rodada en Brasil;

c) cuando el acto en que se haya concluido la disputa sea en Brasil.

La exención tampoco es admisible si el partido es una institución del gobierno, tanto federal, regional o municipal.

La ley brasileña exige que el extranjero no sea el dueño de la propiedad en Brasil, que tiene la intención de constituir un tribunal que pagar un depósito para garantizar el pago de cualquier orden para las costas procesales. Esta garantía, llamada solvencia giudicatum cautio, sin embargo, no se aplica a relaciones italo-brasileñas, como se ha excluido con el acuerdo bilateral sobre reconocimiento y ejecución de resoluciones judiciales entre los dos países firmado el 17 de octubre del 1989.

El Convenio italo-brasileño sobre reconocimiento y ejecución de resoluciones judiciales en materia civil, ha facilitado el reconocimiento, casi automática, el italiano se habla en los juicios civiles en contra de pares brasileños y viceversa. El reconocimiento en Brasil, sin embargo, está condicionada a la creación por el Supremo Tribunal Federal (STF) de la existencia de algunos requisitos esenciales para la competencia de la Corte Suprema (que se comprobará de conformidad con las normas establecidas por el Convenio de Basilea), para formar (legalización), frente a la contradicción y el cambio de decisión de la corte que lo reconozcan. La sentencia, que no entrará en conflicto con la política pública en Brasil.

En cuanto a la ejecución de sentencias extranjeras ordenar el pago de dinero en moneda extranjera, debe tenerse presente que, al aplicar el importe se convertirá en moneda local (reales) al tipo de cambio de la fecha de pago.

Arbitraje

Sólo recientemente Brasil ha dado un reconocimiento pleno a un arbitraje internacional. De hecho, su marco ha sido introducido por la Ley N° 9307, en vigor desde el 23 de septiembre del 1996, que introdujo cambios sustanciales en el régimen en vigor, a fin de superar la desconfianza sustancial de este instrumento de solución de controversias internacionales.

Actualmente, el arbitraje no está muy extendido en Brasil. Por esta razón, se espera que la nueva ley los empleadores se lo use con más frecuencia.

Pueden estar sujetos a arbitraje únicamente los litigios relativos a los derechos de propiedad disponible.

Las partes podrán recurrir al arbitraje cláusula (siempre bajo contrato) o el arbitraje (después del inicio de la controversia).

Uno de los elementos centrales de la reforma es el hecho de que la decisión del arbitraje es inmediatamente ejecutiva, y ya no necesita la aprobación por el Poder Judicial. También se puede optar por aplicar el arbitraje por una institución especializada en los foros internacionales.

Por último, el último obstáculo para el desarrollo del arbitraje en Brasil, como el Tribunal Supremo Federal, en su sentencia de 12 de diciembre de 2001, afirmó la constitucionalidad de la ley de la reforma del arbitraje.

Cabe señalar que Brasil no ha ratificado la Convención en Nueva York el 10/06/1958 Reconocimiento y la Ejecución de las Sentencias Arbitrales Extranjeras.

SISTEMAS DE PAGO

Carta de crédito

Esta es una herramienta infrautilizada, especialmente por las pequeñas y medianas empresas, debido a los altos costos financieros representados, entre otros, la tasa de interés exigida por los bancos locales (a los practicados en el mercado internacional).

Al solicitar la expedición de la carta de crédito también suelen ser necesarias garantías de pago, incluida la verdadera naturaleza, que no todos pueden cumplir.

Venta sujeta a la propiedad

Representa una alternativa viable para garantizar el caso de venta de bienes no perecederos o equipos (maquinaria, equipos varios, etc) ..

Esta es una modalidad de venta mediante la cual el comprador adquiere la propiedad de los bienes finales sólo después de la totalidad del precio pagado.

Hasta la fecha de pago del saldo, el vendedor puede actuar para recuperar los activos vendidos, incluso en contra de un posible fracaso.

En la práctica diaria, es común para que coincida con la garantía representada por la retención de la propiedad a la firma de las facturas. El hecho ocurre que el acreedor podrá optar por actuar en un "personal" (es decir, la dependencia en las facturas) o "real" (una demanda de los activos) para la demanda.

Proyecto de ley

Las directrices que regulan la materia de Brasil son casi idénticas a las italianas.

El proyecto de ley es uno de los más utilizados como garantía en operaciones de comercio internacional, como en los casos de falta de pago puede ser ejecutiva de acuerdo con una mezcla más pobre y más rápida de lo normal.

Compromiso

Esta es una forma de garantía contractual de naturaleza "real" y no personal. El compromiso se establece sobre un bien establecido, y a diferencia de la venta de propiedad en cuestión, la titularidad de la propiedad se transfiere al comprador, que está obligado a pagar la deuda.

El certificado de gravamen es aplicable y la falta de pago permite al acreedor a iniciar un procedimiento de quiebra.

El compromiso, entonces, da al acreedor un privilegio especial sobre los bienes embargados en los casos de procedimientos de quiebra, a condición, sin embargo, que el contrato haya sido registrado en los registros públicos adecuados.

Aspectos de la reclamación

Los operadores italianos pueden emprender acciones legales en Brasil contra los deudores locales sin ninguna restricción, incluso si tienen sucursales o representantes, y sin tener que pagar fianza.

Para el cobro de las deudas, los operadores italianos pueden actuar de acuerdo con el título de la demanda con arreglo al procedimiento ordinario o el ejecutivo. Cabe señalar que en Brasil las normas de la demanda son muy similares a las vigentes en Italia.

NORMAS DE REFERENCIA

Marcas

En el sistema brasileño de protección de marcas, la protección depende
únicamente de la presentación de la marca y no por el simple uso.

Sin embargo, el propietario extranjero de una marca famosa,

aunque no estén registradas en Brasil, actuará para proteger los derechos, en conformidad con y para los fines del art. 6 bis del Convenio de París para la protección internacional de marcas. Para ejercer este derecho, sin embargo, el titular de la marca iniciará el procedimiento para la presentación.

La marca de la tienda puede ser requerida por ambas empresas brasileñas y extranjeras. Las marcas extranjeras son depositados de acuerdo con los principios de la Convención de París, que prevé un período de prioridad exclusiva de seis meses a la fecha de presentación de la solicitud en el país de origen, siempre que el propietario haya expresado su deseo de ampliar el depósito de otros países cubiertos por la Convención.

Protección del consumidor y responsabilidad por productos defectuosos

La ley brasileña Nº 8.079/90, también conocida como el Código de Defensa del Consumidor, afirma que las normas para la protección y la protección de los consumidores y la legislación se consideran de orden público e interés social y por lo tanto obligatorio por las partes.

El código reconoce dos tipos de protección: directa e indirecta.

Por un lado, regula los medios de control que se consideran más eficaces en términos de calidad y seguridad del producto. Otra parte estimula la creación de asociaciones que representan a los consumidores.

La esfera pública de protección de los consumidores está a cargo del Ministerio Público de la Defensa del Consumidor, así como las prefecturas especializados en la investigación de las denuncias presentadas por los consumidores afectados por las violaciones contractuales y legales.

Además, el Código y para determinar las condiciones de los productos a promover de manera adecuada a fin de que no constituyan una publicidad engañosa, prevé la nulidad de las cláusulas consideradas perjudiciales para los derechos de los consumidores incluidos en los contratos para el suministro de bienes y servicios. En los casos graves también se prestan a sanciones penales.

Los consumidores que tienen sus derechos violados podrán solicitar una indemnización por los daños a la propiedad o no, está en contra de los proveedores locales, tanto las extranjeras, ya que son solidariamente responsables para responder a los defectos de sus productos comercializados en el mercado brasileño. La responsabilidad del fabricante no está excluida por falta de conocimiento de los defectos y debilidades.

Las infracciones también pueden dar lugar a medidas tales como multas, confiscación, destrucción del producto, la planta de congelación, se prohíbe la fabricación, la eliminación de los registros públicos, etc.

Las etiquetas y de las denominaciones de origen

Los productos vendidos en el Brasil deben tener etiquetas en idioma portugués y proporcionar información precisa sobre los productos, en particular, debe indicar las características de calidad, composición, precio, fecha de fabricación y de caducidad, garantías, etc . Tambièn deben incluir información sobre los posibles riesgos para la salud y la seguridad de los consumidores.

Las etiquetas y más en publicidad general de los productos deben permitir la fácil identificación del producto, a fin de no inducir a error al consumidor, según lo determinado por el organismo responsable, con aire con nombre.

Se prohíbe la publicidad discriminatoria de cualquier naturaleza, que incite a la violencia, la explotación de niños y/ o proteger los valores ambientales. Es también prohibida la publicidad que pueda inducir al consumidor a comportarse de manera perjudicial o peligrosa para su salud y seguridad.

Defensa de la Competencia

La ley antimonopolio está contenida en la Ley Nº 8884, publicada el 13 de junio del 1994, y modificada por la Ley Nº 10.149 del 21 de diciembre del 2000.

La ley define el comportamiento prohibido y una serie de casos considerados perjudiciales para la competencia, entre los cuales: la práctica de dividir el mercado, los carteles, la venta por debajo del valor, etc. Quedan prohibidos, en esencia, todas las prácticas comerciales consideradas desleales.

La Oficina de Derecho Económico - SDE - institución perteneciente al Ministerio de Justicia, investiga sobre las posibles irregularidades en la zona e inicia los procedimientos administrativos. La decisión final sobre es del Consejo Administrativo de Defensa Económica (CADE) un organismo encabezado por la Oficina del Fiscal Federal. La decisión del CADE es definitiva en los asuntos administrativos. Sin embargo, esta decisión podrá interponerse exclusivamente ante el Poder Judicial, con respecto a la correcta aplicación e interpretación de la ley.

Durante las investigaciones, el SDE es que el CADE se pueden dictar medidas preventivas encaminadas a poner fin, y las sanciones, que se pueden incrementar hasta 20 veces, dependen de la gravedad.

A fin de evitar comportamientos contrarios a la competencia deberá presentarse la autorización previa del CADE en los siguientes actos: fusión, adquisición, compra de empresas o cualquier otra forma de agrupación empresarial, en los casos en que la empresa o grupo resultante de la pérdida estas operaciones tenga el control de al menos el 20% del mercado de referencia y en el caso de que cualquier parte interesada haya declarado pertinentes ventas brutas anuales.

Las partes interesadas en una transacción entre las anteriormente mencionadas están obligadas a informar al CADE con anticipación. A falta de comunicación se proporcionan las sanciones pecuniarias para así iniciar el procedimiento administrativo de pruebas de las infracciones de competencia.

Cabe señalar, sin embargo, que la transacción será aprobada, si bien puede ser considerada contraria a la competencia, donde el objeto de concentración sea para mejorar la productividad, la calidad o el desarrollo tecnológico.

Patentes

El artículo N° 8 de la Ley de Propiedad Industrial de Brasil afecta la presentación de una patente a la existencia de los siguientes elementos esenciales: la novedad, la posibilidad de explotación industrial y la actividad inventiva.

La patente presentada regularmente en un país miembro del Convenio de París, puede estar protegida en el mismo por las condiciones brasileñas.

La protección otorgada a la patente es válida por 20 años y en los casos de las invenciones por 15 años, sin embargo, en los casos de patentes y modelos de utilidad.

La explotación comercial de la patente se iniciará dentro de los tres primeros años de concesión de protección en Brasil, con la liberación de patentes de papel por el INPI.

La extinción de la patente se realiza en los casos donde la explotación ha sido interrumpida por un período de dos años consecutivos, o cuando el inventor se encuentra en mora con el pago de las tasas anuales establecidas por el INPI y en los casos de renuncia, embargo o la cancelación de la patente como resultado de procedimientos judiciales y administrativos.

Software

La protección del software en Brasil es regulada por la Ley N° 9609 del 19/02/1999, que establece la protección como propiedad intelectual. La ley también establece normas para la comercialización de programas para promover el desarrollo de software brasileños y determinar las sanciones penales para los casos de violación de derechos de autor y las infracciones de las reglas de los programas de marketing.

La protección del softwarw se extiende por un período de 50 años, a partir del 1 de enero del año siguiente al del depósito o, en ausencia de presentación, a la fecha de creación de software. De la misma manera como sucede para la protección del derecho de autor, Brasil da el software de protección desarrollado por residentes en el extranjero a condición de reciprocidad, tanto en lo relativo a su ampliación tanto en lo que respecta al plazo de protección.

La protección de software no están condicionadas a la presentación o la grabación del programa. Si el autor lo considera necesario, la misma todavía puede registrarse en el programa en el Instituto Nacional de Propiedad Industrial - INPI.

La piratería de software se castiga con pena de prisión de seis meses a dos años y una multa.

Zona Franca de Manaus

La Zona Franca de Manaus (ZFM) fue establecida y regulada por la Ley Nº 3173 del 06.06.1957 y el Decreto Ley Nº 288 del 28/02/1967. La ZFM es administrada por la Superintendencia de la Zona Franca de Manaus - SUFRAMA.

La ZFM es un libre comercio y la importación que se reconozcan los privilegios fiscales. El objetivo principal es promover la formación de empresas industriales, comerciales y la agricultura en el Amazonas con finalidades de desarrollo econòmico.

Los incentivos fiscales especiales para la ZFM han sido prorrogados hasta 2013 por disposición constitucional.

Empresas que operan en la ZFM disfrutan, entre otras cosas, de la exención o reducción de los impuestos que figuran a continuación:

a) Exención de derechos de importación para los productos destinados a ser consumidos en la ZFM. Reducción de aranceles a los productos industriales exportados a terceros países en la ZFM;

b) Exención del impuesto sobre productos industrializados (IPI),

de lo contrario
aplicables a las mercancías extranjeras para consumo doméstico
o la industrialización en la ZFM, y sobre los bienes producidos en
la ZFM y para el consumo en su ZFM, así como para la
exportación;

c) Exención del impuesto sobre la renta (IR), de 10 años, para los
empresarios cuyos proyectos hayan sido aprobados por la
Superintendencia de Desenvolvimento de la Amazonia (Sudam);

d) Exención de la circulación de bienes y servicios de transporte
municipal interregional e interinstitucional y la comunicación
(ICMS) para las mercancías originarias de otras regiones y
destinadas al consumo o industrialización en la ZFM.

e) Exención del impuesto sobre servicios (ISS) para las
empresas que prestan servicios cuyos proyectos hayan sido
aprobados por la ciudad de Manaos.

Las empresas cuyos proyectos fueron aprobados por SUDAM
recursos financieros también están disponibles en los fondos de
inversión en la Amazonía para la formación de capital. Las
empresas también pueden optar a la concesión de suelo
industrial y la infraestructura conexa.
El empresario que quiera operar en la ZFM SUFRAMA deberá
presentar su proyecto industrial.
La condición esencial para su aprobación es que el activo sea
predominantemente productivo, ya que no se deciden las
actividades son fáciles de montar.

CONSTITUCIÓN DE UNA SOCIEDAD EN BRASIL

Limitada -SRL

La Sociedad Limitada, regulada por el Nuevo Código Civil Brasileño (Ley N° 10.406, del 10 de enero del 2002), tienen una disciplina similar a la "Ltd." italiana, antes de la reciente reforma del derecho societario italiano.

Esta es la configuración utilizada por la mayoría de los operadores extranjeros para realizar operaciones corporativas de carácter permanente en Brasil, con un cierto grado de flexibilidad operativa y bajos costos de creación y gestión burocrática. De hecho, muchas empresas se han establecido en Brasil como "Limitada".

La ley brasileña establece que para ser "Limitadas" hay que tener al menos dos miembros (de hecho existen, como en Italia, las empresas asociadas, que pueden ser igualmente personas físicas o jurídicas, y no necesariamente residentes en Brasil). El accionista no residente tendrán que nombrar a un representante residente en Brasil para la realización de los documentos básicos de la empresa y la representación legal, sobre todo de naturaleza pasiva.

La responsabilidad de los miembros se limita a las acciones suscritas, todos los miembros son solidariamente responsables por el pago del capital social.

El capital social de las"Limitadas, a diferencia de lo que sucede en las empresas, no està representado por certificados. La participación de cada miembro al capital figura en los estatutos, por lo tanto, cualquier cambio en el capital implica necesariamente la modificación de los Estatutos.

No hay mínimos de capital, aunque su textura sea un elemento esencial para que la empresa tenga intención de hacer la deuda o funcionar como una empresa de importación / exportación.

La empresa "limitada" es dirigidoa por una o más personas, miembros o no, elegidos directamente por los accionistas (sin incluir la posibilidad de nombrar una persona como administrador legal). El único requisito establecido por la legislación brasileña es la residencia: el administrador debe tener residencia permanente en Brasil. Miembros aún puede imponer limitaciones a los poderes de los cuales, si figuran en el Estatuto, será válida erga omnes.

Bajo la nueva regulación, es posible crear un Consejo Fiscal, compuesto por miembros elegidos por los miembros, cuya tarea es ocuparse de los aspectos fiscales de la Compañía.

Las "limitadas" no están obligadas a publicar sus presupuestos.

Sin embargo, cada año, los miembros de la sociedad deben reunirse para deliberar sobre los resultados de los negocios del ejercicio anterior. El estatuto está disponible para cualquiera que lo solicite, asi como el mismo (y sus respectivas modificaciones modificaciones) deberá ser depositado en los registros públicos previstos por la ley.

En cuanto a los mecanismos de los miembros del deliberativo Limited, es importante señalar que el Nuevo Código Civil del Brasil ha establecido una mayoría calificada para cualquier tipo de deliberación, que puede variar en general de más cuartos de la mitad a tres del capital total.

Por último, cabe señalar que el Nuevo Código Civil del Brasil ha establecido normas para una mayor protección de los accionistas minoritarios. En el diagrama a continuación se muestran algunas de los principales capitales necesarios para la aprobación de las resoluciones más significativas:

mayoría	Resolución
50% + 1	- Cese y nombramiento de actuar sin nombre Constitución (CC, art. 1076 y art. 1071, II y III); - Remuneración del administrador en caso de que no se indique en el componente (CC, art. 1076 c / c de arte. 1071, IV) - Solicitud de los procedimientos de recuperación (CC, art. 1076 c / c de arte. 1071, VIII); - La exclusión de un miembro por causa justa, si las hay en el contrato Social (CC, art. 1085);
67%	- Eliminación de los especificados en el componente
75%	Con esta mayoría se puede tomar prácticamente todos los deliberaciones, con excepción de empresa de transformación.

Compañías Anónimas (Sociedad Limitada)

Normas generales

Las S.A. de Brasil se rigen por la Ley N° 6404 del 15 de diciembre del 1976, enmendado (el último es el de la Ley N ° 10.303 del 31 de octubre de 2001), que establece un marco similar al de las SpA italianas antes de la reciente reforma del derecho societario italiano.

La S.A. deberá contar con al menos dos miembros. La responsabilidad de los miembros se limita al capital suscrito, aunque no enteramente desembolsado. La ley tiene la obligación de pagar en efectivo al menos el 10% del capital suscrito que debe permanecer en un banco hasta que el establecimiento y las operaciones de registro no se hayan concluido.

La S.A. se puede formar mediante la suscripción pública o privada.

La formación por suscripción privada requiere la formalidad de un notario público y permite la transferencia de bienes en especie, previa evaluación del valor de los activos transferidos.

Los instrumentos y los estatutos de las S.A. deben estar registrados ante las oficinas competentes y publicados en el Boletín Oficial y otro diario de circulación en el lugar donde la sociedad tenga su domicilio social.

El capital social puede ser firmado o aprobado. El estatuto autoriza el capital social de la empresa debe determinar la medida en que el capital puede ser aumentado sin permiso.

El capital está representado por acciones que pueden ser de diferente naturaleza, en función de los beneficios, derechos y restricciones contenidas en el Estatuto. La ley podrá autorizar la emisión de distintas clases de acciones: de preferencia en la base del reparto de utilidades ni a votar, etc.

Además de las acciones, la S.A. podrá emitir otros títulos de "contradictorio beneficiárias" bono de subscrição y obligaciones. Las normas que regulan la propiedad de las acciones también se extienden a estos títulos, aunque estos no son representativos del capital.

Contradictorio beneficiárias

Contradictorio Beneficiárias son títulos sin valor nominal que otorga al posesor el derecho de participar en el 10% (diez por ciento) de los beneficios operativos. Estos valores no se pueden impartir cualquiera de los demás derechos conferidos, sin embargo, los accionistas, salvo que en el control de los directores de la empresa. Los estatutos pueden regular la redención de "contradictorio Beneficiárias" especialmente creado mediante la capitalización de reservas.

Bono de subscrição

Las empresas con capital autorizado podrán emitir valores, denominados "Bonos de Subscrição". Estas licencias confieren al posesor el derecho a suscribir acciones en relación con las ampliaciones de capital y las condiciones establecidas en los mismos certificados.

Obligaciones

Las Obligaciones son valores que otorgan a los titulares los derechos de reclamación contra la empresa emisora. El valor nominal, las principales condiciones, derechos y garantías de los propietarios y la fecha de caducidad de los certificados será publicado. Las Obligaciones se puede convertir en acciones. En principio, el valor total de las Obligaciones no podrá superar el valor del capital social.

Derechos de los accionistas

Los accionistas gozarán de los derechos en lo siguiente:

- Participación en beneficios
- Participación en la distribución de los activos de las empresas en liquidación Illlipotesi
- Seguimiento de la gestión de la empresa
- Preferencia en la suscripción de acciones, "contradictorio beneficiárias" y "obligaciones convertibles" y "bono de subscrição"
- Retirada de la sociedad conforme a lo dispuesto por la Ley
Las acciones de la misma especie dan a sus titulares los mismos derechos. Cada acción ordinaria corresponde a un voto en las asambleas.

Pactos parasociales

Si es permitido por la ley y por lo general destinadas a establecer normas para la transferencia de acciones, el ejercicio del derecho de preferencia o voto. Sin embargo, hacer valer los derechos que confieren a la empresa, pero deben registrarse los locales.

Asambleas

Los accionistas tienen derecho a participar en las reuniones, incluidos los delegados y los fiscales. Lo mismo se hará de conformidad con las disposiciones del Estatuto y, en su defecto, y por ley, podrá decidir sobre todos los asuntos de la sociedad.

Es responsabilidad de la aprobación de los presupuestos ordinarios y estados de resultados, la elección de directores y la Junta de Auditores y las deliberaciones del destino de cada año fiscal ganancias netas y pagos de dividendos. Los materiales restantes se dedican a la extraordinaria.

Las Asambleas Extraordinarias se convocarán para tratar problemas específicos relativos a las emisiones de acciones preferentes, los bonos "," contradictorio beneficiárias "o" bono de subscrição ", etc.

Administración

Según la ley, los accionistas podrán, con los permisos de ley, compartir la administración de la sociedad en dos cuerpos diferentes: el Consejo de Administración y Gestión. Si no se designó al Consejo de Administración, la Dirección será responsable de ejercer las funciones administrativas y directas de la dirección general de la sociedad según lo establecido por el Estatuto.

Junta directiva

La Junta actúa como un vínculo entre la Junta y la Gerencia. Tiene plenos poderes y determina la orientación de los asuntos sociales y las finanzas.

El Consejo tiene la función de supervisar las actividades de los Consejeros.

Los concejales son elegidos y destituidos por el ordinario. La situación social determina el número de consejeros (mínimo 3), la forma de sustituir la expiración de su mandato y las modalidades de las reuniones y de trabajo.

Al menos dos tercios de los directores deben tener residencia permanente en Brasil.

Dirección

La Dirección está compuesta por dos o más directores, elegidos y removidos en cualquier momento por el Consejo de Administración. Los directores están sujetos a las directrices del Consejo de Administración o la Asamblea de Accionistas cuando la compañía no ha nombrado un Consejo de Administración.

La función principal de los directores es obligar a la sociedad frente a terceros. El estatuto establece el número de Consejeros, la forma de sustitución, la duración del mandato y el reparto de competencias.

Consejo de Vigilancia

El Consejo de Cuentas sólo podrá ser permanente o transitorio, en este último caso la actividad se llevará a cabo en el período de cierre del impuesto.

La Junta de Auditores se hace cargo de la administración tributaria de la empresa y de toda la información necesaria a los accionistas en la Junta General.

Las competencias de la Junta no podrá delegarse o ser atribuidas a otros órganos de la Compañía.

Responsabilidad de los administradores

Los miembros del Consejo de Administración y la Junta de Auditores son responsables ante la sociedad por los daños causados en el ejercicio de sus funciones en virtud de acto, omisión, negligencia, y por los actos cometidos en violación de la ley o el Estatuto.

Transformación

Es posible transformar una sociedad de un tipo a otro sin la necesidad de la liquidación o disolución. En este sentido, es importante señalar que una empresa "Limitada" puede transformarse en sociedades anónimas y viceversa, sin tener que recurrir a procedimientos complicados.

Lleno filial

La Filial Integral es una sociedad en la que el capital es propiedad de otra empresa en su totalidad. Es este es el único caso en que una empresa puede tener un socio único. El establecimiento de estas empresas es a través de un acto público.

Las empresas mixtas

Joint Ventures no se rigen de manera explícita por la legislación brasileña. Por lo general, las empresas que tienen la intención de contribuir a las actividades conjuntas en curso elegir la formación de una nueva empresa de propiedad conjunta de ambos socios. Nada impide, sin embargo, dan lugar a grupos de empresas a través de contratos especiales.

LEGISLACIÓN DE EMPRESAS

La persona o entidad que quiera invertir en empresas extranjeras en Brasil, formará una nueva compañía en el país, o participarà en una sociedad que ya exista.
Los dividendos pagados a sociedades e individuos en el extranjero, a consecuencia de las inversiones registradas en la Banco Central do Brasil, estaban sujetos a un 15%. Hoy en día,

los dividendos ya no son susceptibles a imposición, de los generados a partir de enero de 1996.

Las formas de sociedad son la sociedad anónima de lo habitual (S.A.) o Sociedad Limitada (LTDA) que, en general, tienen la misma naturaleza y la estructura de las empresas italianas. Las empresas relacionadas se rigen por la Ley N° 6404 del 15/12/76, modificada posteriormente por la Ley N° 10303 y la Ley N° 10406/02 31/10/2001. No hay obligación legal para el número mínimo de miembros para arriba, teniendo que tener por lo menos dos accionistas, personas físicas o jurídicas.

Para la legislación brasileña, el accionista que resida en el extranjero, se debe mantener en ese país, un representante legal para recibir citas, estas facultades ejercen los derechos de un accionista o el accionista. La única e importante diferencia entre las Compañías de Responsabilidad Limitada es la publicidad de determinados actos, en este caso la Sociedad de Responsabilidad Limitada tiene la obligación de los estados financieros publicados en los resultados operativos, así como todas las resoluciones de la reunión.

La empresa comercial de Brasil, creada por la persona jurídica extranjera, debe ser administrada y dirigida por uno o más directores residentes en Brasil, según la legislación reciente que la educación tiene 58 de 05.13.1995, la "Junta Comercial del Estado de São Paulo. La ley brasileña sobre Sociedad de Responsabilidad Limitada N° 6404 del 15/12/76 establece que los Directores de la empresa son dirigidos por el Consejo de Administración y la Dirección Ejecutiva, Departamento Ejecutivo o único. Pueden ser elegidos como órganos de la Administración, sólo los residentes en el país, con miembros de la Junta de Directores de ser accionistas y los accionistas directores o no. La duración del mandato no podrá superar los tres años.

La ley brasileña establece que la creación de la sociedad civil, las fundaciones y las cooperativas sin fines de lucro y las peculiaridades de su constitución, no son organizaciones comerciales y, por tanto, recibir un tratamiento jurídico diferente.

En Brasil, hay dos tipos de registro público:

• realizado por el Ministerio de Comercio;

• realizado por un notario

Todas las empresas, comerciales o civiles, deben ser registrados de acuerdo a su naturaleza jurídica.
El sistema de cuotas fue establecido por la Constitución Federal del 1988. El gobierno federal, Estados y municipios pueden recaudar ingresos a través de honorarios impuestos con tarifas con el fin de la mejora. Brasil ha firmado tratados para evitar la doble tributación con los países europeos. A falta de un tratado se considerará si el país de
origen establece un trato recíproco en relación a la renta o pagar impuestos en Brasil. Si existe esa legislación, las tasas pagadas en el país de origen puede estar compensando.
El tiempo para el establecimiento de una sociedad de derecho de Brasil, es de aproximadamente 30 días, mientras que este período, los tramites para el registro de incorporación, la obtención de código de impuestos, los libros de las empresas, y las autorizaciones para la realización de la actividad industrial, tienen lugar en momentos distintos y están determinados por los desgloses específicos en público.

Los socios extranjeros deberán estar representados por una persona física residente, a través de una autoridad especial con poderes suficientes para participar en la constitución de la sociedad y todos los actos necesarios para su funcionamiento y la obligación vinculante para recibir cotizaciones en nombre y representación de una enmienda constitucional mandante. La Ley N°6 del 15.8.1995 puso fin a la distinción entre empresas brasileñas y las empresas nacionales, la definición del nuevo concepto de la empresa brasileña es constituida en conformidad con la legislación brasileña y la administración basada en el país, independientemente de su control de valores.

SISTEMA FISCAL

Impuesto sobre la renta a personas jurídicas (IR)

El impuesto sobre la renta de sociedades se calcula aplicando una tasa del 15% de impuestos sobre los ingresos declarados en el período de referencia. Entonces hay un impuesto adicional del 10% debido a que pueden afectar el valor de los ingresos declarados o debido a la naturaleza de su redito. El impuesto se calcula al neto de los costos y gastos necesarios para la producción de ingresos anuales.

Las cotizaciones sociales sobre los ingresos brutos (CSSL)

Empresas que operan en Brasil (incluso los bancos) están obligadas a pagar la Contribución Social sobre Ganancia neta (CSSL). La base imponible de esta contribución se calcula sobre el ingreso neto declarado en el impuesto sobre la renta.
La base para el cálculo del CSSL está sujeta al principio de universalidad, es decir, los ingresos de divisas y los ingresos de las empresas brasileñas se combinan para formar la base del CSSL.
La tasa de CSSL es igual al'9%. El CSSL no es deducible en el cálculo del impuesto sobre la renta.
Ley Nº 9.718/98 también decidió que a partir del 1° de febrero del 1999, bajo el Nº 20 de la Reforma Constitucional 16/12/1998, todas las empresas que operan en Brasil son obligadas a pagar la contribución para los programas de integración social y la formación de propiedad pública (SIP / PASEP) y pagar la contribución para la financiación de la Seguridad Social (COFINS). La base imponible para el cálculo de estas

contribuciones sociales (PIS / PASEP y COFINS) con efectos a partir del 1 de febrero de 1999, son las ventas de la compañía.

Las contribuciones PIS / PASEP y COFINS son deducibles del impuesto sobre la renta y el CSSL.

La Ley N°10.865/04, en vigor desde el 01/05/2004, a condición de impuestos de importación y COFINS denominados PIS / PASEP, la importación a partir de mayo de 2004.

Los impuestos sobre los bienes de producción industrial (IIP)

Este es el impuesto (federal) por la importación de bienes industriales y sobre la producción local de bienes.

El pago del IPI sobre las materias primas, productos semi-acabados y materiales de embalaje se puede utilizar como crédito fiscal.

La tasa del impuesto IPI varía dependiendo de la naturaleza del producto. La tasa más alta afecta a los productos considerados no esenciales, es decir, cigarrillos, refrescos, cosméticos, etc.

Los impuestos sobre bienes y servicios (ICMS)

El ICMS es un impuesto similar al IVA, se aplica a nivel regional. El impacto del ICMS en todas las fases de comercialización y transporte de productos, la venta efectuada por el fabricante al distribuidor final. El impuesto del ICMS es el mismo todos los tipos de productos, pero también presenta algunas diferencias importantes de una región a otra. La tasa media es del 17,5%.

Impuesto sobre Servicios (ISS)

El impuesto sobre servicios (ISS) es un impuesto municipal que se aplica a cualquier tipo de servicio prestado por una compañía o freelance. La tasa varía del 2% al 5%, dependiendo de la naturaleza del servicio. En la ciudad de Sao Paulo, por ejemplo, la tasa es del 5%.

Impuesto sobre las transacciones financieras

El impuesto sobre las transacciones financieras (IOF) es el impuesto federal debido a las siguientes actividades:

I) la operación de crédito emitida por instituciones financieras;
II) las operaciones de cambio;
III) los contratos de seguros;
Iv) las operaciones con valores, en casos de intervención de instituciones autorizadas a operar en el mercado de valores;
V) calculadora.

El impuesto IOF varía en función de la naturaleza de la operación y puede someterse a cambios frecuentes.

Contribución a intervenir en el ámbito económico - CIDE

El 2000 creó una especie de contribución que la legislación brasileña aplica a las personas que realicen actividades relacionadas al conocimiento tecnológico, servicios técnicos y de apoyo técnico y servicios administrativos. Esta contribución se encuentra fuera de cualquier forma de pago con un tipo de interés fijo a 10%.

Incentivos Fiscales

Hay varias ventajas fiscales concedidas por el gobierno brasileño para empresas que invierten en Brasil. Los incentivos varían constantemente y se componen principalmente de los préstamos bonificados, créditos fiscales y exenciones de algunos impuestos, y después de matar el aceramiento o de los derechos sustanciales de las importaciones de bienes de capital y otros bienes para la inversión.

La mayoría de estas instalaciones se proporcionan tanto a empresas brasileñas y extranjeras. Hay, sin embargo, algunas instalaciones reservadas exclusivamente para las empresas locales.

Los incentivos se ofrecen para promover el desarrollo económico en algunas regiones de Brasil y canalizar el capital privado en sectores específicos de la actividad económica.

Los proyectos que se benefician de las instalaciones deberán ser aprobados individualmente por un organismo responsable. Por lo general, la aprobación está sujeta a revisión por parte del Gobierno del desarrollo del proyecto presentado.

FISCALIDAD

El sistema tributario se basa a nivel mundial generalizado.

El impuesto sobre la renta de las sociedades sobre el beneficio es del 15% real.

Por parte de las ganancias fueron más de 67.000 euros por año, o € 17,000 según la tasa aplicada trimestre es del 10% agregar.

Las personas jurídicas están sujetas a las tasas del impuesto de sociedades municipales que varían considerablemente de un municipio a otro.

Los individuos que tienen un ingreso mensual superior a 297 euros están sujetos al impuesto progresivo sobre la renta, las tasas varían del 15 al 27,5%.

El envío de los valores en el extranjero está sujeto a un impuesto de entre el 15 y el 25%.

DERECHO LABORAL

Contratos de trabajo

El contrato de trabajo en el Brasil no tiene que tener la escritura "de procedimiento". La relación de trabajo, sin embargo, debe ser transcrita en la Carteira de Trabalho e Previdencia Social: CTPS. El contrato de trabajo puede ser realizado por un tiempo determinado o indeterminado.

El contrato de duración determinado sólo puede celebrarse en los casos de contratos de formación y para satisfacer necesidades temporales.

Los contratos tampoco podrán ser superiores a dos años (90 días para los contratos de formación). Al final del contrato el empleado tendrá derecho a indemnización.

El tipo de contrato más utilizado por los operadores extranjeros en Brasil es de duración indefinida. Cabe señalar que en Brasil existe una disposición similar al artículo N°18 del Estatuto de los Trabajadores de Italia. El contrato de trabajo por tiempo indefinido, por lo tanto, se puede resolver en cualquier momento, incluso en ausencia de una buena causa o justificación, si rescisión no se debe a causas imputables al trabajador, corresponde exclusivamente la indemnización prevista por la ley.

Los derechos esenciales de los trabajadores

Los derechos fundamentales de los trabajadores en Brasil, no es obligatorio para los acuerdos entre las partes son:

• derecho a sueldo (hay un mínimo legal más allá de los requisitos mínimos establecidos por los distintos convenios colectivos), por un total de 13 (trece) mensualidades al año;

• el derecho a un día de trabajo estándar de no más de 8 (ocho) horas;
• pago de horas extras por horas superiores a las horas normales de trabajo;
• descanso semanal pagado;
• las vacaciones anuales (una media de 30 días);
• el derecho a cotizaciones a la seguridad social;

Extinción del contrato

La relación de trabajo dejará de existir por renuncia del empleado, por despido, y en los demás casos previstos por la ley (vencimiento del contrato de duración determinada, la jubilación del trabajador, muerte o incapacidad total, etc.)
El despido también puede ocurrir sin causa o razón.
En los casos de despido injustificado, el empleador debe pagar, además del sueldo y las vacaciones anuales acumuladas, una indemnización igual al 50% de lo que el mismo tiene o debería haber pagado al Fondo de Garantía por el tiempo de servicio (FGTS: 8% del sueldo mensual). En los casos de despido por justa causa, el empleador no está obligado a pagar ninguna indemnización, sin perjuicio de la obtención de licencias y el salario.

La Junta de la prevención de accidentes del trabajo (CIPA)

Los empleadores que emplean a más de 50 empleados deben nombrar una Comisión para la Prevención de Accidentes en el Trabajo, cuya tarea es proponer medidas que deben adoptarse para prevenir accidentes. El CIPA es integrado por representantes de los trabajadores y los empleadores.

Contribuciones

Las contribuciones se destinan para el Instituto de Seguros Sociales (INSS) y otros proveedores de servicios de los organismos, los promotores de las acciones sociales, formación y asistencia a las contribuciones de los trabajadores. Los càlculos en la nómina, que van desde el 26,8 % al 28,8%.

¿SABÍA QUE ...?

...los bosques cubren el 65% de su territorio? Brasil es el mayor bosque tropical del mundo: las plantas raras del Amazonas, también se utilizan en la medicina moderna?

...en Brasil también se encuentran las especies animales entre las más diversas del mundo?

...en el Nordeste, el paisaje es tropical con playas de arena blanca rodeadas de palmeras y el mar caliente magnífico?

...segùn el El Banco Mundial Brasil, India y China son los países con mayor tasa de crecimiento durante los próximos 25 años?

...Brasil fue octavo en la economía mundial con un PIB de 840 mil millones?

...Brasil es el país más grande con área cultivable del mundo (22%)?

...es un productor mundial de café, naranjas y caña de azúcar? El segundo de mandioca, frijoles, carne de aves de corral? El tercero de azúcar y de maíz? El segundo mayor exportador de pollos y el cuarto de carne de cerdo?

...es el segundo mayor productor de mineral de hierro, el quinto de manganeso, el sexto de aluminio, lata y oro?

...Brasil tiene la sexta mayor reserva de hierro del mundo?

...el PBI de la Argentina es equivalente al del Estado de Sao Paulo?

Itaipu es la mayor central hidroeléctrica del mundo?

...Brasil tiene la décima posición como productor mundial de electricidad?

...Brasil posee el décimo parque industrial del mundo?

...es el séptimo país en el mundo por número de ordenadores y el mercado global de la computadora?

...Brasil es el N°1 en número uno por usuarios de "Internet Banking", superando a Canadá, EE.UU. y Japón?

...es el segundo fabricante mundial de revestimientos cerámicos y compresores para la refrigeración, cuarto en la cerveza, la quinta de nafta, el sexto de los cigarrillos, el séptimo de los frigoríficos?

...Brasil es el centro de excelencia en áreas como la ingeniería aeronáutica, alta tecnología, petróleo, desarrollo de los satélites, el enriquecimiento de uranio y las vacunas?

...Brasil es el único país del hemisferio sur que forma parte del Proyecto Genoma?

...Es el tercer fabricante mundial de aviones para vuelos regionales?

...la empresa brasileña Embraer es el cuarto fabricante mundial de aviones comerciales?

...Embraer vende aviones a turbohélice a países como EE.UU., Francia, Italia, Suiza, Portugal, España, Reino Unido y China?

...En el 1997, invirtió sólo el 0,7% del PIB en el desarrollo tecnológico y, actualmente, esta cifra se elevó al 1,8%?

...Brasil ocupa el noveno lugar entre los países que hacen mayor uso de Internet, después de EE.UU., Japón, Reino Unido, China, Canadá, Corea del Sur e Italia?

...el 65% de los sitios web de América Latina son Brasil?

...La televisión brasileña fue la cuarta del mundo al aire todos los días, después de Estados Unidos, Reino Unido y Francia?

...TV Globo es la cuarta emisora en el mundo, sólo superada por las tres estaciones principales de América del Norte (ABC, CBC y NBC)?

...Los indices de desocupaciòn son más bajos que los de Europa (Italia: 12%) y se situaron en el 4,8% en diciembre de 2000?

...El mercado de la edición de libros es más grande que Italia, con 50 000 títulos cada año?

...Brasil es el mayor productor de 12 marcas de coches (Audi, Chrysler, Fiat, Ford, General Motors, Honda, Mercedes, Peugeot, Renault, Toyota, Volkswagen)?

...en 2002 el 95% de los brasileños han realizado su declaración de impuesto sobre la renta a través de Internet?

...durante las últimas elecciones el 65% de los votos fueron hechos en forma electrónica y 67.000 nuevas encuestas mostraron las fotografías de los candidatos?

...en el Nordeste màs del 70% de las propiedades es comprada por los europeos?

...Pipa es una de las playas más cosmopolita de Brasil y una de las cinco playas más famosas en todo Brasil?

...los aeropuertos del noreste de Natal, Recife y Fortaleza reúnen 105 vuelos internacionales por semana procedentes de Europa, el doble de los que recibieron en el 2003?

...estos vuelos son 105 vuelos directos desde las principales capitales europeas y sin escalas desde Lisboa a 6 horas de vuelo?

...Un europeo con el simple intercambio de euros en reales brasileños casi triplica su poder adquisitivo?

...en los últimos tres años en el noreste el número de europeos que decidieron comprar una casa o empezar una nueva vida, por lo general mediante la apertura de un alojamiento o un restaurante, se ha incrementado de un 60%?

...con la misma cantidad que se necesita para comprar un apartamento de 100 m2 en Madrid, un jubilado español puede comprar un chalet de dos plantas con 4 suites frente a la playa en el noreste?

...cada vez más europeos que viven en apartamentos pequeños en sus países están encantados en comprar grandes casas, a pocos metros de la playa, donde siempre hay sol y siempre hay un pescador de langosta sabrosa que las ofrece a 18 reales?

Acerca de Brasil ...

"Esta tierra, Señor, me parece que,
desde la punta más al sur que hemos visto hasta
la otra punta màs al norte que
de este puerto que se puede ver, es tan grande
que habrá almenos veinte o veinticinco leguas de costa.
A lo largo del mar hay grandes barreras, algunas rojas y otras
blancas y la tierra por encima es toda plana y llena de árboles.
Desde un punto a otro toda la playa (...)es muy plana y bella.
Viendo la selva, vista desde el mar, nos pareciò muy grande,
porque, hasta done los ojos se extendían, no se podía ver otra
cosa que árboles y tierra... "

(extracto de la carta dirigida al rey de Portugal escrita por Pero Vaz de
Caminha, el escribano de la flota que descubrió Brasil)

UBICACIÓN GEOGRÁFICA

Brasil se encuentra en América del Sur, limita con Venezuela, Guyana Francesa, Uruguay, Argentina, Paraguay, Perú, Bolivia y Colombia.

SUPERFICIE

8.511.965 km2 (el quinto país más grande del mundo)

POBLACIÓN

aproximadamente 183.552.000 fuente www.ibge.gov.br - IBGE - Instituto Brasileño de Geografía y Estadística.
En Brasil la gente es amable y cordial. Es por el espíritu libre de nacionalistas brasileños que descubrir la magia de Brasil, una mezcla de romance y belleza conocida en todo el mundo.

CAPITAL

Brasilia

IDIOMA

El portugués es el idioma oficial de Brasil. Pero el portugués hablado en Brasil tiene un acento y un tipo distinto del que se habla en Portugal. Además, hay otras lenguas habladas por las tribus indígenas que viven en reservas.

DOCUMENTOS

Para los ciudadanos italianos no hay necesidad de una visa "de entrada para ingresar a Brasil.

La policía de fronteras muestra su pasaporte con vigencia mínima de 6 meses desde la fecha de salida y el pasaje de regreso de Brasil. El permiso de residencia se expedirá a la llegada por 90 días. Guarde una copia del formulario, ya que será devuelto a la salida.

MONEDA

La unidad monetaria de Brasil es Reais (R $).

TARJETAS DE CRÉDITO

Las principales tarjetas de crédito internacionales son aceptadas en hoteles, tiendas y restaurantes.

FLUJO HORARIO

4 horas menos que en Italia. Con el horario de verano en Italia y/o en Brasil, la diferencia oscila entre 3 y 5 horas.

TEMPERATURA

La temperatura media anual es de alrededor de 28 º C en el Norte y el Noreste de la región y 20 º C en el sur hay lugares en el sur de Brasil, donde las temperaturas de invierno bajan a cero grados.

COMPRAS

Además de las piedras preciosas ya famosas, el suministro de la moda de verano hermosa, sensual y de un color que refleja más el espíritu de Brasil, sobre todo la moda de playa con la gran selección de camisetas y bikinis "tanga" seguidos en todo el mundo.
El arte es otra opción recomendada para regalos o compras personales. Son objetos característicos de paja, cerámica, alfarería, frutas secas y madera que representan la originalidad y la tradición de cada región.
Los manteles de encaje puede ser encontrados en el noreste de Brasil. No se pierda la oportunidad de comprar CDs de música brasileña. No se olvide que el tipo de cambio favorable es una invitación para ir de compras en todas las áreas del país.

DEPORTES
La pasión deportiva en Brasil es el fùtbol demosy es demostrada por la existencia de unos 8.000 clubes deportivos en todo el país, aquí se llama "futebol".

BREVE HISTORIA
Brasil fue descubierto el 22 de abril del 1500 por un navegante portugués Pedro Alvares Cabral.
El nombre de Brasil proviene de un bosque llamado "pau brasil", de donde fueron extraídos unos pigmentos rojos para la ropa de color.
En 1822 el príncipe de Portugal Brasil proclamà oficialmente el país independiente.

En 1889, tras un período de crisis económica-monárquica, 15 de noviembre se proclamó una república. Hoy el leader del Estado es el Presidente, quien es nominado y elegido directamente por la gente y desempeña su cargo durante cinco años.

LENGUA Y COMERCIO
El idioma oficial es el portugués, pero con frecuencia de las relaciones comerciales son
también se utiliza en Inglés y/o español.

PESOS Y MEDIDAS
Brasil adopta el sistema métrico.

ELECTRICIDAD
Fase del sistema:
Tensión nominal: 110 V
tensión Real: 110-127 V
Frecuencia nominal: 60 Hz
actualmente disponibles en el hogar máxima: 100 A
actualmente disponibles para la industria máxima: 100 A
Tres fases del sistema:
Tensión nominal: 220 V
tensión Real: 115-230 V o 127-220 V
Frecuencia nominal: 60 Hz

HORA LOCAL
Brasil está atravesado por tres franjas horarias, por lo que la diferencia de tiempo en comparación con el rango de Italia es de 4 a 6 menos cuando sea la hora de verano (menos de 3 / 5 horas si es horario de verano).

DIAS FESTIVOS OFICIALES Y CALENDARIO

01/01 Año Nuevo
Febrero Carnaval
Febrero Miércoles de Ceniza
De marzo Viernes Santo
De marzo Domingo de Pascua
21.04 Celebración de Tiradentes del Héroe Nacional
01/05 Día del Trabajo
De mayo de Corpus Christi
7.9 Independencia del Día Nacional de Brasil
12/10 Dama del Brasil
02/11 Día de los Muertos
15/11 Proclamación de la República
25/12 Navidad

EJERCICIOS DE APERTURA

Los ejercicios están abiertos de lunes a viernes dedes las 9.00 hasta las 17.30/19.00.
Las tiendas estan abiertas el sàbado hasta las 14,00, ya excepción de los situadas en los centros comerciales que cierran a las 22.00.
El domingo casi todos los negocios siguen. Las excepciones son numerosas tiendas, comercios
centro.

BANCOS

De lunes a viernes de 10:00 a 16:00 o 09:00-15:00 durante el verano.

MONEDA

El dólar de EE.UU. y el euro son las monedas utilizadas ya sea en hoteles o en los bancos. Para evaluar el límite de salida es 9.620 euros. Sin embargo, debe declarar los importes superiores a 10.000 reales o su equivalente en otra moneda.

CLIMA

Las estaciones son exactamente opuestas a las de Europa, excepto en el norte y el nordeste del país, donde el clima es tropical.
En Río, la temperatura media puede bajar a un mínimo de 15 ° / 20 ° C.
En verano la temperatura media es superior a 35 ° C.
En verano (noviembre-marzo) en este Estado, la temperatura es de alrededor 30 ° C.

TRANSPORTE

La red de transporte no tiene un buen mantenimiento, a excepción de las
Metro, limitadas a las ciudades grandes (Sao Paulo y Río) cuya calidad de servicio alcanzado es entre las màs altas del mundo.
Los taxis y los medios de comunicaciòn están disponibles a cualquier hora del día y de la noche.

LA COCINA

La cocina portuguesa, mexclada con la de los colonizadores que encontraron nuevos elementos en un ambiente tropical, se unió a las costumbres de los indígenas y más tarde recibió la influencia de los ingredientes utilizados por los esclavos africanos, dando lugar a la cocina brasileña.

La feijoada es considerada un plato típico de Brasil. Nacido en Río de Janeiro es el resultado de una sabrosa combinación de frijoles, salado y carne ahumada con los negros extendido por todo el territorio nacional, con la única variante de frijol.

La carne en Brasil es excelente y el asado a la parilla se sirve en "churrasquerías" en porciones tan grandes y suculentas en todo el país. A lo largo de la costa hay muchas maneras de preparar los mariscos con innumerables recetas de pescado, camarón y grandes langostas del Nordeste.

La enorme variedad de frutas comidas, jugos y batidos de colores están en todas partes. Cada región de Brasil es un verdadero festival de sabores, aromas y placer culinario.

La comida en Brasil es muy conveniente y ofrece una amplia selección de restaurantes de diferentes categorías donde se puede comer muy bien.

EL FRUTO DE BRASIL

Uno de los productos muy ricos en Brasil es la fruta. En la mayoría de los casos, no se ven frutos en nuestras mesas. La variedad de frutas en Brasil es inusualmente alta y excelente calidad: piña, plátano, marañón, maracuyá, papayas, melones, uvas, manzanas, nueces. El Amazonas ofrece muchos tipos de frutas tropicales como Bacuri, cupuassu, Jenipapo, mangaba, tapereba. Los más famosos son Carambola, Guaraná, Goiaba, Maracuja, Jacco.

Actualmente, Brasil es uno de los tres gigantes mundiales en la producción de frutas, con un volumen anual de 41 millones de toneladas. Debido a sus condiciones climáticas, la extensión de su territorio, la ubicación geográfica y la naturaleza del suelo, Brasil puede producir diversos tipos de frutas: en las áreas tropicales, subtropicales y templadas.

IBRAF opera en Brasil (Instituto Brasileño de Frutas), fundado en el 1990 por grandes de la industria, es una organización sin fines de lucro creada para llevar a cabo estudios de mercado, promover la formación y la tecnología avanzada en el campo de las frutas y se esbozan las directrices de la industria. Impulsar las exportaciones de frutas frescas y procesadas de Brasil, IBRAF, en colaboración con otros organismos y asociaciones, ha puesto en marcha una iniciativa llamada "Proyecto de Frutas de Brasil. Este programa de promoción afecta a los tipos de productos siguientes: mango limón, manzana,, melones, papayas, uvas, piña, plátanos, naranjas, mandarinas, melocotones, caquis, higos, fresas y melones para el consumo de fruta fresca. agua de pulpa, jugo, maní, coco y otra para los conversos. Desde el 1998 al 2006, las exportaciones de frutas procedentes de Brasil han aumentado de forma exponencial de un 170% en volumen (desde alrededor de 297.000 toneladas a más de 802.000 toneladas) y del 296% en valor (desde alrededor de $ 120 millones a más de 472 millones de dólares). Esto permitió que la balanza comercial brasileña de frutas y hortalizas (véase el cuadro a continuación) para centrar más su atención - después de varios años (1994-1998) persona presupuesto - hasta un máximo de 315 millones dólares de activos en 2005 (292 millones de dólares en 2006).

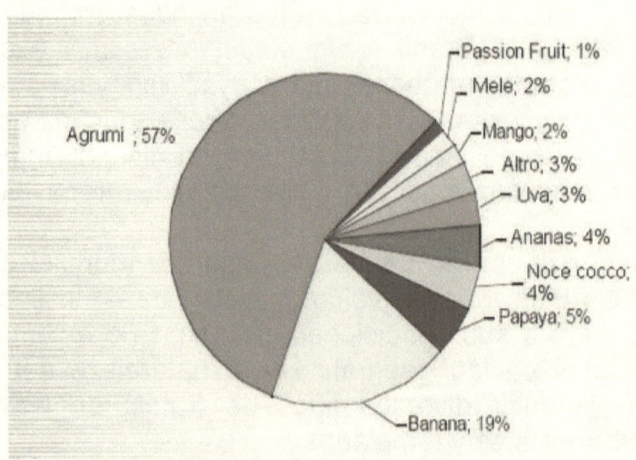

EL FRUTO MILAGROSO: ACEROLA

La acerola (Malpighia glabra) es un resultado increíble que nosotros en Occidente nisiquiera hemos oído hablar. Es el fruto que contiene más vitamina C en el mundo (casi 30 veces más de la naranja), también contiene antioxidantes, anti-radicales libres, muy bueno para combatir esa forma de la gripe en los que fuman, para ayudar a la absorción de hierro, es anti-viral y estimula el sistema inmunológico.

Es s una planta milagrosa que crece silvestre en América Central y del Sur, especialmente en Brasil y Puerto Rico.
Es especialmente útil por su alto contenido de vitamina C (100 gr. Acerola dan alrededor de 1.000 a 2.000 mg. De vitamina C) y porque puede combatir los radicales libres, para los resfriados,

gripe, problemas pulmonares, sinusitis, y todos los problemas de las vías respiratorias, útil para problemas de hígado, y para las infecciones víricas en la hepatitis viral en la varicela, la poliomielitis y también tiene una alta actividad antioxidante, que es probablemente debida a su alto contenido de vitamina C. El uso de los frutos se usa en la diarrea (consulte a su medico).

La vitamina C no es sintetizada por el organismo y por lo tanto debe ser tomada como un suplemento, la vitamina C es esencial para la formación de colágeno, la síntesis de hormonas, la regeneración de tejidos, por su acción antioxidante es útil para el sistema inmunológico. Es una planta fundamental junto con laosa canina por su alto contenido de vitamina C para los fumadores, cada cigarrillo que se quema de grandes cantidades de vitamina C.
La vitamina C estimula la síntesis de ácido fólico y la regeneración del tejido efecto, previene la formación de

nitrosaminas (cancerígenos), mejora la absorción de hierro.

GUARANA'

El Guaraná (Paullinia cupana Kunth) es una planta trepadora, perenne, nativa de la selva amazónica. En estado salvaje puede llegar a doce pies de alto, puede ser apoyada en árboles del bosque (sin crear ningún tipo de daño a otra planta), o permanecer de pie sin apoyo. Pero cuando se cultiva para uso industrial, se requiere en forma de árbol o arbusto, que no supere los dos o tres pies, para facilitar la recolección de su semilla. El Guaraná tiene una larga historia. Era una planta sagrada para muchas tribus de indios. Debido a su "extraño" resultado, alrededor de esta pequeña planta, que quizás de otra manera pasara desapercibida, se crearon numerosas leyendas y mitos.

Hay leyendas de un tiempo muy remoto. Una de ellas tuvo como protagonista a una mujer joven que busca un alma gentil, su nombre era Cereaporanga y fue protegiao por la diosa de la belleza y la vida. Un día Cereaporanga se encontró con un valiente guerrero de una tribu enemiga y se enamoró de él. Su amor superará todo, pero los dos amantes nunca serían capaces de detener el odio que existe desde hace años entre las dos tribus, por lo que decidieron huir juntos para ser feliz. Durante el viaje Cereaporanga conoce a una anaconda herida y, a pesar del peligro, su dulce corazón la llevó a ayudarla, la curó con todo su afecto, pero no sabía que este gesto habría sido fatal.

Debido a este "descanso", los guerreros de las tribus se acercaron más y más, entonces, consciente de ser perseguid y con la certeza de que su hombre fue capturado y asesinado, estableció un pacto de amor y muerte, pidió a la gran serpiente, con todas sus fuerzas, en su último abrazo.

Los indios, al ver a los dos amantes en su acto final, y por la desesperación por la muerte de su protegido pidieron de inmediato la ayuda de la diosa de la belleza y la vida que por lo menos no abandonara el espíritu de la mujer, por lo que la diosa, conmovida por el gesto de Cereaporanga, dio a luz con sus ojos una planta cuyos frutos parecen, a la apertura, dos hermosos ojo snegros, al igual que los de la muchacha más hermosa.

Guaraná ha sido considerada por los indios como un elixir de la vida, su importancia fue alta en todas las diversas tribus, ya que las plantas les dieron de comer y los medios para el tratamiento de enfermedades, preparar y apoyar el cuerpo.

Su uso se centró principalmente en el efecto tónico-estimulante y por lo tanto se utilizaba para aumentar la resistencia física, la caza, etc. Muchas tribus de indios, sin embargo, fueron más allá de este efecto aparente y el guaraná se uso para combatir la diarrea, para aliviar el dolor menstrual, para las enfermedades que debilitan y para poder ver y entender las cosas que nos rodean; sin duda un propósito relacionado con el hecho de que la planta tenga ojos para ver.

Se utilizaban exclusivamente las semillas y cada tribu tenía su propio sistema para prepararlas. Pero, en general, los indios brasileños solian usar todos la misma preparación: recoger la uva, la elección de los frutos cuando están semi-abiertos los cuales se colocan en recipientes con agua fría para extraer la piel, y después de la limpieza , se asan a fuego lento en el mismo día de la recolección; posteriormente triturados.
Reducción a polvo de las semillas, se agrega un poco de agua,

sin dejar de aplastarlos para formar una pasta suave. Esta pasta le da una especie de "pan" y se mete al sol, después se pone a fumigar en la resina de madera. Luego el pan se raya cuando se necesita.

En los preparativos de Venezuela, sin embargo, las semillas se quitan de las conchas trituradas en agua caliente, enriquecida con harina de mandioca, que se deja fermentar durante un tiempo y se mezcla con agua hirviendo hasta obtener una pasta que se seca y se fumigará. El guaraná es ampliamente utilizado en América del Sur para la preparación de una bebida gaseosa famosa, ligeramente efervescente, acaba de llamar "guaraná", similar en apariencia y el sabor de los diferentes tipos de bebidas a base de cola, que tiene un estimulante sutiles y un sabor dulce. Para su uso medicinal se encuentra en tabletas, barritas o, mejor aún, en polvo. Recientemente, el mercado europeo también se encuentran en el mercado de dulces y chocolates hechos de guaraná.

Composición química: (en semillas secas)
La fibra vegetal 49%
Almidón 9%
Agua 8.7%
La pectina, dextrina, minerales, ácido málico 7 / 8%
* 5% de ácido tánico
Guaranina (cafeína) 4 / 5%
aceite fijo 2 / 3%
pyro ácido guaraná 2%
La glucosa al 1%
0,06% de saponina
* Guaranatina o ácido guaranatannico, similar a la tuerca Kolatina Kola. La teobromina se encuentra en las flores, hojas y corteza, pero las semillas no.

Indicaciones terapéuticas
Las propiedades del guaraná son innumerables, ampliamente probado, documentado y, en función del tema, un efecto

prevalece sobre otra. Sin embargo, gracias a su alto contenido en principios activos naturales se manifiesta por una sensación de bienestar inmediato, fácilmente reconocible; la temperatura del cuerpo alcanza un nivel ideal y permanece en su estado normal.

Es un reto y ayudas muy eficiente en todos los estados de depresión nerviosa, somnolencia, adinamia infecciones consecutivas, la malaria, la digestión y es fácil de temas ipopeptici hecho, ganando con el dolor de cabeza comidas consecutivas de las personas con digestión lenta, por lo que también es estomacal .

Vince menudo constipación habitual, facilitando la contracción de las fibras musculares de las paredes intestinales, ayuda contra la flatulencia. Excita los centros nerviosos, por una parte, y especialmente del cerebro, que le hace más fácil la actividad y más intensa y, por otra parte, la función circulatoria, el fortalecimiento de la contracción cardíaca, el aumento de la presión endovasale.

De acuerdo a la investigación científica, el guaraná tiene propiedades antianémico, la gripe, antineurálgicos, estimulante, analgésico, afrodisíaco, contra la diarrea y, al mismo tiempo libre de estreñimiento (desde la lucha contra las infecciones microbianas que atacan el sistema gastrointestinal, es un gran desinfectante intestinal).

Esta semilla es también un poderoso diurético y eliminar diaforético y ayuda a exceso de líquidos en el cuerpo, de hecho reduce el estímulo del hambre, por lo que es útil para bajar de peso.

También es una excelente prevención contra los males de la vejez es un excelente tónico para geriátricos.

MÚSICA

Brasil es considerado una música country! Es 's siempre se ha caracterizado por una gran diversidad y gracias a las influencias musicales de tres continentes está continuamente desarrollando nuevas formas muy originales. La samba, todavía influye en las tasas de otros como el más reciente "pagodas", más lento y apasionado. Uno de los exponentes más famosos de la samba fue probablemente Carmen Miranda, conocida por su fuerte carácter y por sus frutos los peinados. Bossa nova, de un mundo más pacífico e influenciado por el jazz americano, se hizo popular en los años 50 con músicos como Joao Gilberto y canciones como "The Girl from Ipanema".

El tropicalismo en Brasil apareció en torno a los años 60 y ha tenido artistas capiscuola como Caetano Veloso y Gilberto Gil, y tiene una mezcla de diversas influencias musicales, entre ellos clásicos canciones italianas muchas veces en relación con el gobierno brasileño en el momento.

En tiempos más recientes se ha convertido en bandas de axé muy populares de la música creada por el Estado de Bahía.

LA CAPOEIRA

Mezcla de danza y lucha la Capoeira fue creada por los esclavos en Brasil, según las tradiciones africanas, como una forma de legítima defensa a los ataques físicos y amenazas. Con los años, esta danza/lucha ha sido enriquecido con nuevos movimientos y variaciones.

Para luchar con malicia utiliza la creatividad en sus brazos, piernas, manos, pies, codos, hombros y rodillas.

Además de los combatientes en la Capoeira tienen un papel importante los músicos y sobre todo el jugador del berimbau, que encabeza la lucha con su ritmo.

EL CARNAVAL

La expresión más significativa del arte y la cultura popular es el famoso carnaval brasileño, que tiene una duración de un mes la danza y locura y se celebra en todo el país. El màs conocido es sin duda el Carnaval de Río de Janeiro con sus desfiles organizados en el Sambódromo, calles llenas de gradas instaladas en concreto, donde el desfile de las escuelas de samba arriba a través de la ciudad cada año y nos ofrece un espectáculo único. En noviembre, en Natal un carnaval tiene lugar el famoso fuera de temporada llamado Carnatal.

EL CONDOMBLE'

La religión de los esclavos africanos en Bahía hacer adoración al "Orixás" considerado espíritus de la naturaleza que son fuego, tierra, agua y aire, y ser reyes y reinas de África, u otros caracteres especiales dedicadas de protección de energía.
Inicialmente sus rituales se practicaban en "senzalas esclavos de la vivienda", o en la tierra alrededor de las plantaciones "en las que trabajaban. Hoy en día se venera en ceremonias secretas y festivales durante todo el año, de nuevo dirigida por "Filhos de santo" que con sus trajes típicos vienen en transporte e incorporar el espíritu de "Orixás.
Hay ramificaciones del Candomblé en varios lugares de Brasil y es curioso que es practicado por un gran porcentaje de los católicos brasileños. Pero hay una correspondencia de cada Orixás "de candomblé con los santos de la religión católica.

ESTRATEGIA DE INVERSIÓN
BRAZIL REAL PROPERTY

La estrategia de los terrenos

Brasil vive un momento dorado para el mercado de la vivienda y las previsiones para los próximos años son muy optimistas gracias a la mejora progresiva de la mayor economía de América del Sur que está atrayendo enormes flujos de capital extranjero. En particular, el Nordeste está experimentando el más rápido crecimiento inmobiliario en el país en parte debido a su potencial turístico enorme.

	Valore iniziale	Rivalutazione	
Approccio PASSIVO			
	Valore iniziale	Rivalutazione	Valore Creato
Approccio ATTIVO			

Todavía hoy se pueden comprar tierras a precios relativamente bajos, pero es muy fácil predecir que cinco años a partir de ahora la situación es algo diferente.
La estrategia ganadora en este momento ahora es concentrar su inversión en la construcción de tierra en las zonas con el turismo en auge con la posibilidad de algunos años o los venden o construir o acuerdo de desarrollo.
La estrategia propone el Brasil de Bienes Raíces tiene como objetivo crear valor con el tiempo más allá del mero reconocimiento (actitud pasiva) a través de una serie de operaciones y proyectos que añaden atractivo a la inversión (enfoque proactivo).

Cuando usted compra una propiedad y la vende después de X años a tener una actitud pasiva a la inversión en el sentido de que cuenta únicamente con la posible revalorización a su vez depende de una serie de factores macroeconómicos y ciclos históricos que un inversor no sufre influencia.

Cuando usted compra una propiedad y ejecutarlo en las operaciones y proyectos de creación de valor añadido (reestructuración, diseño, construcción, subdivisiones) hay una actitud activa hacia la inversión en el sentido de que la posible apreciación se ve reforzada por el trabajo tiene lugar en él.

Curso de seguir un enfoque activo no es suficiente para invertir su capital, sino que requiere una gran experiencia y conocimiento del negocio o pondrá en peligro toda la inversión.

La estrategia propone Brasil Bienes Inmuebles se basa en tres fases cronológicas relacionados pero independientes.

Un inversionista podrá decidir la aplicación de las 3 fases, sino también a participar en una sola etapa de manera independiente.

PASO 1 Compra de tierras

Los factores claves que hay que considerar al elegir:

Evaluación del área: el turismo, residencial, en la actual expansión y la expansión futura.

Posición de la tierra y la zona: la primera línea de playa, vistas al mar, carretera permanente, la proximidad a la infraestructura.

Plan Maestro: Contenido para la construcción, comercial o residencial, el porcentaje de tierras aptas para la edificación aún disponible.

Tamaño de la tierra: la posibilidad de comprar lotes adyacentes varios impactos de llegar a un tamaño adecuado en la elección de futuro de la construcción y luego el valor de la tierra.

Planes futuros: la predicción de grandes proyectos en un ámbito como el de un gran complejo turístico de lujo o un aeropuerto puede cambiar radicalmente la perspectiva futura del desarrollo de la tierra.

Horizonte de tiempo: Es importante definir a priori, sus expectativas de tiempo de amortización. La compra de terrenos en una zona actualmente en pleno auge implica una inversión mayor, pero se tiene la oportunidad de hacer en ese momento un proyecto de construcción de éxito. La tierra es más "líquida", es decir, con más solicitudes de compra. Terrenos en un área de infraestructura aún no desarrollados y los pobres requiere un mayor tiempo de espera para desarrollar proyectos de construcción se vendió bien.

Al final de la primera fase, es decir, un inversionista que compró la tierra tiene las siguientes opciones para la acción:

A) Venta de tierras: el inversor decide vender la tierra produciendo la apreciación pura.

B) Aplicación de un proyecto de construcción (Fase 2)

C) La aplicación de un proyecto de desarrollo (sólo posible en la tierra grande)

Fase 2 Implementación de un proyecto de construcción y concesión de licencias

Respecto a cada edificio se puede lograr para proyectos de construcción residencial o comercial un acuerdo al plan de clasificación de la tierra.
El segundo paso no significa construir, sino construir un proyecto de construcción y obtener la expedición de licencias ambientales y permisos para la construcción. Los tiempos varían de 1 a 2 años, dependiendo del tipo de proyecto y de la región.
Al final de la segunda fase se produce una parcela con permiso de edificación.

	Valore iniziale	Rivalutazione	costi progetto	valore aggiunto
Progetto Approvato				

Esta operación crea valor porque el valor del terreno con proyecto aprobado es mucho mayor que el valor de la tierra per si y supera el gasto de ejecución del proyecto.

Sobre todo ahora, el suelo se vuelve muy atractivo para los inversores de todos los países debido a que están dispuestos a dar sus frutos y se puede comenzar inmediatamente la construcción sin tiempo de espera de las licencias y burocracias y la incertidumbre de la aprobación.

Los factores clave:

Elegir Tipo de Proyecto: Residencial o comercial.

Análisis de mercado: Análisis de proyectos exitosos en el área, la evolución y perspectivas de mercado, análisis de precios de venta y los gastos de construcción, la previsión de desarrollo de negocios / área del turismo.

Al final de la segunda fase se abrirá una serie de posibilidades para el inversor:

A) La reventa de la tierra con el diseño aprobado.
B) Construcción (fase 3)
C) Compartir la construcción con otros inversores: Con un proyecto aprobado más fácil atraer el interés de los inversores de todos los países como un producto está listo de inmediato puede poner a buen uso. El dueño del terreno con proyecto aprobado puede unirse con otros inversores y para completar la construcción de capital social y el riesgo. Una muy atractiva y ha recurrido a la posibilidad del intercambio. El propietario de la tierra no entra en el capital adicional, sino que contribuye al costo de la construcción con el valor de sus tierras a cambio de obtener una cuota de apartamentos.

PASO 3
Finalización de la construcción del proyecto aprobado

La fase de construcción consiste en abrir una empresa incorporadora, la identificación del fabricante, los contratos de gestión, la organización de la red de ventas.

	Valore iniziale	Rivalutazione	costi costruzione	valore aggiunto
Progetto costruzione				

Puntos principales:

Marketing y Publicidad: Promoción del proyecto durante la preventa. Una bien planeada y bien publicitado se vende sobre todo en el papel.

Distribuidor: Identificación de las ventas en el mercado (local, extranjero), la creación de la red de agentes.

Después de la Gestión de Ventas: Para ciertos tipos de proyectos tales como los balnearios y apartamentos de vacaciones, el diseño de una estructura adecuada que puede manejar en la fase post-venta y renta de garantía de alquiler. De hecho ya se están vendiendo y es una herramienta de marketing muy eficaz.

La intersección de la oferta y la demanda de los inversores en los diferentes países

Tipo de inversores

- Inversores en busca de la construcción

- Los inversores que buscan el permiso de planeamiento- Los inversores que buscan proyectos que compartan el riesgo de contrucciòn

Los puntos de la estrategia de Brazil Real Property

Posibilidad de realizar una inversión que genera valor, en lugar de limitarse a la explotación de la revaluación. Posibilidad de un grado de inversión. A continuación, puede optar por iniciar con un gran capital para luego evaluar con el tiempo si hay que aumentar su inversión mediante la aplicación de un proyecto.
Posibilidad de realizar proyectos compartidos con otros inversores para compartir riesgos y recursos, y aprovechar las sinergias en común.
Posibilidad de introducir el tiempo en un país en desarrollo con los países candidatos de alto potencial para una superpotencia económica del futuro, con proyectos ambiciosos y complejos que pueden conducir a un regreso de interés no sólo desde el punto de vista económico.

Como hemos puesto el mayor cuidado en la preparación y redacción de este texto, Brazil Real Property, no asume ninguna responsabilidad por la integridad de los contenidos, ni tampoco puede ser considerado responsable de las cuestiones porque la industria está en constante evolución.

CONTACTOS:

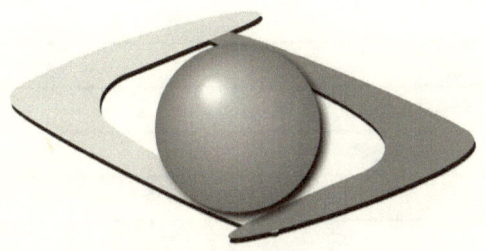

www.brazilrealproperty.com

info@brazilrealproperty.com

brazilrealproperty

MSN: msn@brazilrealproperty.com

Tomar notas

In questo pratico e veloce libro sono raccolti, andando direttamente al nocciolo di ogni situazione e soprattutto senza filtri, dieci anni di diretta esperienza in Brasile in materia di investimenti.

INVESTIRE IN BRASILE COSA FARE E COSA NON... FARE!

Vi permetterà di partire già con un bagaglio di esperienza in materia di investimenti immobiliari e di non cadere nella miriade di "trucchetti" che inevitabilmente incontrerete nel paese del "samba" venendo a conoscenza delle CRUDE VERITA'!

Non permettete che il Vostro Paradiso si trasformi nel Vostro Inferno...
A voi la scelta!
Abraço

Nuova Edizione aggiornata 2010
© Copyright 2008   Brazil Real Property
Tutti i diritti riservati

www.brazilrealproperty.com

INVESTIRE IN BRASILE

Brazil Real Property

INVESTIRE IN BRASILE

ORDEM E PROGRESSO

COSA FARE E COSA NON... FARE!

In this practical guide have been collected the results of a ten years experience in terms of investments that Brazil Real Property has matured in Brazil, deeply analyzing every single situation.

INVESTING IN BRAZIL WHAT TO DO AND WHAT... NOT TO DO!

It will let you get started having already a considerable experience of real estate investments so that you won't be victim of the myriad of "tricks" that you will inevitably run into, being aware of the rough truth.

Don't let your Paradise turn into your Hell... You can choose!

Editor: Brazil Real Property
2008 Brazil Real Property Standard
Copyright License
New Edition 2010
www.brazilrealproperty.com

INVESTING IN BRAZIL

Brazil Real Property

INVESTING IN BRAZIL

ORDEM E PROGRESSO

WHAT TO DO AND WHAT... NOT TO DO!

COSTITUZIONE DELLA REPUBBLICA FEDERALE DEL BRASILE IN ITALIANO

COSTITUZIONE DELLA
REPUBBLICA
FEDERALE DEL

BRASILE
IN ITALIANO

La Costituzione della Repubblica
Federale del Brasile interamente
tradotta in Italiano. Un supposrto
fondamentale sulla legislazione
brasiliana per muoversi nel mondo
degli investimenti in Brasile.

Editore: Brazil Real Property
Copyright: ©2010Brazil Real Property Standard
Copyright License
Lingua: Italiano

www.ingramcontent.com/pod-product-compliance
Lightning Source LLC
Chambersburg PA
CBHW032004170526
45157CB00002B/538